FACULTÉ DE DROIT DE TOULOUSE.

DE LA REMISE DE LA DETTE

EN DROIT ROMAIN ET EN DROIT FRANÇAIS.

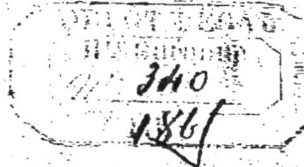

THÈSE POUR LE DOCTORAT

SOUTENUE LE MERCREDI 9 AOUT 1865

Par HYACINTHE DEVALS, AVOCAT.

TOULOUSE
TYPOGRAPHIE DE BONNAL ET GIBRAC
Rue Saint-Rome, 44.

1865

FACULTÉ DE DROIT DE TOULOUSE.

DE LA REMISE DE LA DETTE

EN DROIT ROMAIN ET EN DROIT FRANÇAIS.

THÈSE POUR LE DOCTORAT

SOUTENUE LE MERCREDI 9 AOUT 1865

Par HYACINTHE DEVALS, AVOCAT.

TOULOUSE

TYPOGRAPHIE DE BONNAL ET GIBRAC,

RUE SAINT-ROME, 44.

1865.

Meis et Amicis.

FACULTÉ DE DROIT DE TOULOUSE.

MM. Delpech ✳, doyen, *professeur de Code Napoléon, en congé.*

Chauveau ✳, *professeur de Droit Administratif, chargé du décanat.*

Rodière ✳, *professeur de Procédure Civile.*

Dufour ✳, *professeur de Droit Commercial.*

Molinier ✳, *professeur de Droit Criminel.*

Bressolles, *professeur de Code Napoléon.*

Massol ✳, *professeur de Droit Romain.*

Ginouilhac, *professeur de Droit Français,* étudié dans ses origines féodales et coutumières.

Huc, *professeur de Code Napoléon.*

Humbert, *professeur de Droit Romain.*

Rozy,
Poubelle } *Agrégés, chargés de cours.*

Bonfils
Arnaud } *Agrégés.*

M. Darrenougué, Officier de l'Instruction publique, Secrétaire Agent-comptable.

Président de la thèse : M. G. Humbert.
Suffragants : M. Bressolles.
M. Massol.
M. Ginouilhac.
M. Rozy, *agrégé,.*

La Faculté n'entend approuver ni désapprouver les opinions particulières du candidat.

TABLE DES MATIÈRES

CONTENUES DANS LA THÈSE.

DE LA REMISE DE LA DETTE.

DE LA REMISE DE LA DETTE.

En général, chacun peut renoncer aux droits, aux facultés, aux priviléges qui lui sont déférés pour son avantage personnel : c'est la conséquence de la maxime consacrée par la loi 69, *de Regulis juris*, au Digeste : « *Invito beneficium non datur.* » Nous trouvons au Code, loi 29, *de Pactis*, l'expression de cette même idée : « *Regula est juris antiqui, omnes licentiam habere his quœ pro se introducta sunt renuntiare.* » Observons cependant qu'il ne s'agit là que des droits et priviléges introduits en faveur des particuliers, car on ne peut étendre ce que nous venons de dire aux droits et priviléges dont l'établissement a pour objet l'intérêt public, et cet axiôme exprimé par les législateurs romains : « *Privatorum conventio juri publico non derogat,* » a reçu une solennelle confirmation dans l'art. 6 du Code Napoléon. Parmi les diverses espèces de renonciations qui sont permises, la Remise de la dette a particulièrement fixé notre attention , et nous allons tâcher, dans cet Essai , en recherchant la nature et les caractères de cette convention, d'analyser les règles dont elle a été l'objet dans la législation romaine et dans notre Droit français : nous nous aiderons pour cela des remarquables travaux que de savants auteurs ont consacrés à un sujet si éminemment juridique (1).

---

(1) Unterholzner v. d. Schuldverhiltnissen 1. p. 457-574. — Walter I. R. G. II , p. 237-241. — Puchta, *Inst.* III, p. 150-158 (155-145). — Rein, *das privatrecht,* p. 769. — De Fresquet, *Tr. de Droit rom.*, p. 511, 72, 295, t. II. — Etienne, *Inst. Just.*, p. 29, 245, 258. — Vernet, *textes choisis* (Conf. 1865), p. 55-38. — Demangeat, *textes sur les Pand.*, p. 501, 289, 424. — Pellat, *textes choisis*, p. 244, 288. — Merlin, *Rép. de jur.* v° *Renonciation.* — Pothier, *Tr. des oblig.* — Zachariæ, Aubry et Rau II, p. 598. — *Id.*, Massé et Vergé III, p. 449. — Larombière III, *sur l'art.* 1582. — Duranton, t. XII, n° 552. — Rolland de Villarques, v° *Remises de dettes.* — Marcadé IV, n° 787. — Boileux IV, p. 581. — Toullier VII, n° 525. — Delvincourt II, p. 571. — Dalloz, *Rép. oblig.*, n° 2545.

PREMIÈRE PARTIE.

DE LA REMISE DE LA DETTE EN DROIT ROMAIN.

---

1. La renonciation à un droit de créance ou remise de la dette pouvait, en droit romain, se faire de deux manières : soit par une acceptilation, mode solennel du droit civil, éteignant l'obligation *ipso jure*, soit par un pacte *de non petendo*, qui, dans la plupart des cas, constituait un mode d'extinction *exceptionis ope*. Quel que fût le moyen employé pour l'opérer, la remise de la dette pouvait toujours être envisagée à un double point de vue, suivant qu'on la considérait soit comme un mode d'extinction des obligations, soit comme un moyen de faire une libéralité. Ce n'était, en effet, que par exception, que la remise de la dette était consentie à un obligé en échange d'un avantage qu'il procurait à son créancier : le pacte *de non petendo* et l'acceptilation servaient généralement à l'exécution d'une libéralité, et cela se comprend d'autant mieux que le *mutuus dissensus*, mode d'extinction *ipso jure*, venait merveilleusement au secours

1

des parties qui, après avoir contracté des obligations réciproques, désiraient les anéantir et obtenir chacune sa libération à la condition de subir celle de l'autre partie, pourvu, toutefois, que les choses fussent encore *in integrum*, c'est-à-dire que l'une d'elles n'eût pas exécuté son obligation.

2. Il est, d'après cela, bien facile de justifier la division principale que nous avons adoptée en cette matière. Après avoir étudié dans un premier chapitre l'acceptilation et le pacte *de non petendo*, en tant que modes d'extinction des obligations, nous examinerons, dans un second, les conséquences qui résultaient de ce que ces actes pouvaient servir à l'exécution de libéralités entre-vifs ou testamentaires.

CHAPITRE PREMIER.

DE LA REMISE DE LA DETTE, CONSIDÉRÉE COMME MODE D'EXTINCTION DES OBLIGATIONS.

I. — De l'acceptilation.

§ 1.

Définition et origine de l'acceptilation.

3. L'acceptilation (1) est un mode d'extinction des obligations, consistant tout à la fois dans une interrogation et une réponse, interrogation du débiteur qui de-

(1) Gaius, Comm. III, § 169. Inst. liv. III, tit. XXIX, §§ 1 et 2.

mande au créancier s'il tient pour reçu ce qui lui est dû et réponse affirmative de la part du créancier.

4. Nous pensons avec Cujas (1) que la définition de Modestin (2) sévèrement qualifiée d'absurde par Vinnius concerne l'acceptilation aquilienne, qui a pour but, en intervenant après novation réciproque, de résoudre une obligation synallagmatique. Aussi ne critiquerons-nous cette définition qu'au point de vue de la distinction qu'elle implique de deux espèces d'acceptilations : l'acceptilation simple et l'acceptilation aquilienne ; car cette dernière n'est autre chose qu'une acceptilation simple, mais précédée d'une opération juridique distincte, une novation. Le résultat de cette ingénieuse combinaison due au jurisconsulte distingué qui lui a donné son nom était simplement d'étendre le domaine naturel de l'acceptilation.

5. Dans le principe, l'acceptilation était un mode tout particulier d'extinction des obligations contractées *verbis*, et voici, selon nous, d'où dérive l'origine de son nom :

6. Les jurisconsultes romains admettaient qu'on pouvait, en général, dissoudre une obligation par des procédés identiques à ceux qui avaient servi à la créer : « *Nihil tàm naturale est*, dit Ulpien, *quàm eo genere quidquid dissolvere quo colligatum est.* » Gaius, de son côté, nous apprend que : « *Omnia quæ jure contrahuntur, contrario jure pereunt.* » Enfin, nous lisons dans les Instituts : « *Eæ obligationes quæ consensu contrahuntur contraria voluntate dissolvuntur.* »

(1) Obs. 5, 36.
(2) Fr. 1, *De accept.* Dig.

7. Dans le droit primitif de Rome, le *vinculum juris*, que la formalité du *nexum* avait pour objet de matérialiser, avait sa *solutio* matérielle, et Gaius (1), dans un texte précis, nous apprend que les obligations qui se contractaient *per as et libram*, pouvaient aussi s'éteindre *ære et librâ*.

8. Nous pouvons donc conclure d'une manière certaine, qu'à l'époque où il existait de véritables obligations créées *litteris*, on rencontrait aussi un mode d'extinction *litteris*. Quand, de la mention sur l'*expensum* des *nomina transcriptitia* d'une personne, il était résulté qu'une autre personne était débitrice de celle-là, on pouvait dissoudre le lien de droit produit par ce contrat *litteris*, en inscrivant, en face de cette mention de la valeur due comme *expensilata*, une autre mention qui déclarait cette valeur reçue, c'est-à-dire *acceptilata*.

9. Par suite de la suppression des *nomina transcriptitia*, ce genre d'*acceptilatio* ne fut plus en usage. Mais nous savons que les obligations contractées *verbis* donnaient lieu, conformément au principe général que nous venons d'exposer, à un mode d'extinction *verbis ;* elles s'éteignaient par une stipulation. Or, chose remarquable, cette stipulation contenait une allusion à l'opération que l'on effectuait autrefois sur le *Codex ;* on affirmait que le fait constitutif de l'ancienne acceptilation avait eu lieu, on mentionnait la préexistence fictive de cette opération ; de là le nom d'acceptilation donné à la stipulation extinctive de l'obligation verbale.

(1) Comm. III, § 173.

§ 2.

Formes de l'acceptilation.

10. La renonciation à un droit de créance, c'est-à-dire la remise de la dette, est certainement du droit des gens ; Justinien nous dit en effet (1) : « *Regula est juris antiqui omnes licentiam habere his quæ pro se introducta sunt, renuntiare.* » Toutefois, il est évident que, comme *actus legitimus*, l'acceptilation proprement dite est du droit civil, et par suite assujettie à des formes rigoureuses spécialement employées chez les Romains. Deux raisons démontrent ce que nous avançons, d'une manière péremptoire : d'abord, en nous apprenant que de même que la stipulation (2), l'acceptilation peut se faire en grec, Ulpien (3) a le soin de nous dire que les expressions grecques dont le Romain peut se servir doivent correspondre exactement aux expressions latines consacrées : « *Habes acceptum denaria tot ? Habeo acceptum.* » « Ἔχεις λαϐών δηνάρια τόσα ? Ἔχω λαϐών. » En second lieu, si nous remontons à l'origine de l'acceptilation, nous y puiserons une démonstration encore plus rigoureuse de notre assertion : en effet, les étrangers ne pouvant se trouver obligés par les *nomina transcriptitia*,

---

(1) C. 29, *De pactis.* Cod.
(2) Inst. l. III, tit. XV, § 1.
(3) Fr. 4, Fr. 5, *De accept.* Dig.

il était impossible de pratiquer à leur égard l'*acceptilatio* sur le *Codex;* mais nous venons de voir que l'acceptilation verbale avait le caractère et produisait les effets de l'ancienne acceptilation *litteris,* dont elle rappelait les formes. Elle constituait donc, comme elle, un mode d'extinction essentiellement de droit civil, et ne devait dès-lors recevoir d'application qu'entre Romains.

11. Nous savons que l'*actus legitimus,* dont les formes étaient soigneusement déterminées par la loi, ne pouvait jamais se référer à un événement futur et incertain ; aussi, l'acceptilation ne pouvait-elle jamais être modifiée par un terme ou une condition.

12. Cependant l'acceptilation n'est pas impuissante à éteindre une dette à terme ou conditionnelle ; mais l'effet de cet acte pur et simple ne se produisait qu'à l'événement de la condition ou à l'échéance du terme (1). Ainsi l'on arrivait à valider un acte renfermant en lui-même des causes de nullité (2) : absolument viciée par l'opposition expresse d'un terme ou d'une condition, l'acceptilation comportait tacitement ces modalités, application remarquable d'une maxime bien connue : « *Expressa nocent ; non expressa, non nocent* (3). »

13. Quand il existait entre deux personnes plusieurs obligations créées *verbis,* s'il intervenait une acceptilation conçue en termes généraux, elle opérait l'extinction de toutes ces obligations, pourvu que l'intention des parties ne fût pas contraire. Quand l'intention des parties

---

(1) Fr. 12, *De accept.* Dig.
(2) Fr. 77, *De reg. jur.* Dig.
(3) Fr. 195, *h. t.*

restait douteuse, l'acceptilation générale avait pour effet de périmer toutes les stipulations (1).

14. Seules, à l'origine, les obligations créées *verbis*, pouvaient s'éteindre par acceptilation verbale : mais, plus tard, le domaine de ce mode d'extinction des obligations fut singulièrement étendu. Florentinus (2) nous apprend, en effet, que, par un procédé ingénieux, on put appliquer, même selon le droit civil, aux obligations de toute espèce, *omnibus ex causis*, le paiement imaginaire par *acceptilatio*. Les Romains durent ce procédé au célèbre jurisconsulte Aquilius Gallus, si habile dans l'art de rédiger les formules, ainsi que l'atteste celle qui le mit en si grande estime auprès de Cicéron, sa formule *de dolo malo*, véritable remède à toutes les fraudes : *everriculum omnium malitiarum* (3), et celle qu'il imagina pour permettre l'institution du petit-fils naissant héritier sien après la mort de son grand-père (4).

15. Aquilius Gallus imagina de ramener au moyen d'une novation par changement de cause, à une seule obligation *verbis*, tout ce qui pouvait être dû *ex diversis causis*. De cette manière, l'application de l'acceptilation verbale, dont nous venons de parler, devenait toujours possible et, par elle, on dénouait immédiatement le nouveau lien de droit qui n'avait existé qu'un instant de raison.

16. L'usage de cette combinaison appelée à tort acceptilation aquilienne et à laquelle, disons-le en passant, le

(1) Fr. 6, *De accept.*
(2) Fr. 18, *h. t.*
(3) Cicéron, *De offic.* 3.
(4) Fr. 29, pr. *De lib. et post.*

nom de novation aquilienne conviendrait beaucoup mieux, devint excessivement fréquent pour la réalisation des transactions (1).

17. Remarquons particulièrement avec Ulpien (2) que la stipulation aquilienne pouvait éteindre l'obligation résultant de la chose jugée : ce texte nous explique parfaitement le phénomène juridique remarquable découlant de l'application de la formule aquilienne, je veux parler de la novation apparente d'un droit réel : l'action réelle, nous le savons, aboutissait à une condamnation pécuniaire, quand la restitution de l'objet litigieux était impossible ou refusée ; dans l'un et l'autre cas, la sentence à prononcer par le juge avait pour objet l'obligation personnelle de payer une somme d'argent : or, cette obligation éventuelle pouvant résulter d'un litige relatif à la propriété était susceptible de novation. Si donc, au moyen de notre formule, on a stipulé le montant de la chose jugée dans l'intention d'opérer une novation et que l'on ait ensuite fait acceptilation, la libération a eu lieu, et dès lors, il semble que le droit réel a été transformé en une obligation naissant d'une stipulation, laquelle a été éteinte ensuite par une acceptilation (3).

18. Voici les termes de cette formule d'Aquilius Gallus conservée dans les *Institutes* de Justinien (4) :

« *Quidquid te mihi ex quâcumque causâ dare facere*
» *oportet, oportebit præsens in diemve aut sub conditione ;*
» *quarumque rerum mihi tecum actio* (5), *quæque adver-*

(1) Fr. 4, *De trans.*
(2) Fr. 17, *De donat.*
(3) Voir Etienne, Inst. trad. et expl. p. 246.
(4) Liv. III, t. XXIX, § 2.
(5) Il s'agit de l'*actio in personam.*

» *sùs te petitio* (1), *vel adversùs te persecutio* (2) *est erit-*
» *ve, quodve tu meum habes* (3) *tenes* (4) *possidesve* (5),
» *dolove malo fecisti quominùs possideas : quanti quœque*
» *earum rerum res erit, tantam pecuniam dari stipula-*
» *tus est Aulus Agerius, spopondit Numerius Negidius.*
» *Item ex diverso Numerius Negedius interrogavit Aulum*
» *Agerium : « Quidquid tibi hodierno die per aquilianam*
» *stipulationem spopondi, id omne habesne acceptum ? »*
» *Respondit Aulus Agerius : Habeo acceptumque tuli.* »

19. Le texte du paragraphe des Institutes qui renferme cette formule semble ajouter qu'une telle stipulation n'était destinée qu'à servir immédiatement de passage
à une quittance par acceptilation : mais plusieurs textes
prouvent que la stipulation aquilienne était quelquefois
de durée, et destinée à procurer une action *ex stipu-*
latu (6).

§ 3.

Objet de l'acceptilation.

20. Avant d'entrer dans les détails de ce paragraphe,
il est nécessaire d'énoncer un principe général qui domine
toute la matière et que consacre un texte de Paul au

---

(1) C'est-à-dire l'*actio in rem.*
(2) Cela signifie toute *cognitio extraordinaria.*
(3) *Habere* se rapporte à la possession *cum animo domini.*
(4) *Tenere* concerne la simple détention.
(5) Il s'agit de la possession *sinè animo domini.*
(6) Paul. Sent. I, 1, § 3. Dig. 2, 15. Fr. 2 et 9, § 2. Fr. 15, *ib.*

Digeste (1). Ce jurisconsulte nous dit, en effet, que l'acceptilation doit s'accorder avec l'obligation, porter précisément sur ce qui est *in obligatione*, et pas sur autre chose : sans cela, l'acceptilation n'opèrera pas de libération ; car des paroles ne peuvent détruire que des paroles s'accordant avec elles : *verbis verba ea demum resolvi possunt quæ inter se congruunt*. Fidèles à ce principe, nous allons essayer de déterminer sur quoi peut et doit porter l'acceptilation.

21. Et d'abord, l'acceptilation partielle était-elle admise en Droit romain ? Gaius (2) constate sur ce point l'existence d'une controverse. Mais les Instilutes et les Pandectes tranchent complètement la difficulté et, sans violer notre principe, dont l'application absolue entraînenerait des conséquences absurdes, Paul et Pomponius (3) le combinant avec les règles ordinaires en matière de libération, permettent de fractionner l'objet de la dette, quel qu'il soit, et de se libérer d'une partie par acceptilation.

22. Nous savons que, dans le cas d'une obligation alternative, le paiement partiel de l'un des objets ne libère en rien le débiteur (4). Il en est différemment dans le cas d'une acceptilation partielle, et Julien nous apprend que la libération partielle pourra avoir lieu : le débiteur, désormais, n'est tenu que d'une portion soit de l'objet sur lequel portait l'acceptilation, soit des autres objets compris dans l'alternative (5). Cette différence entre le paie-

(1) Fr. 14, *De accept.*
(2) Comm. III, § 172.
(3) Fr. 9 et 10, *De accept.*
(4) Fr. 2, § 1, *De verb. obl.*
(5) Fr. 17, *De accept.*

ment et l'acceptilation s'explique aisément au moyen d'une considération toute pratique. Si l'on avait admis que le paiement partiel d'une dette alternative pouvait l'éteindre en partie, il était à craindre que le second paiement ne concordât pas exactement avec le premier : en effet, si ayant payé une moitié de l'un des deux objets en alternative, le débiteur eût été libéré de cette fraction, il aurait pu, dans le paiement complémentaire, user encore de son droit d'alternative et s'acquitter par le paiement de la moitié de l'autre objet, inexécution évidente de l'obligation par laquelle il s'était engagé à payer en entier l'un *ou* l'autre des deux objets *in obligatione*. En cas d'acceptilation partielle, ce danger n'était plus à redouter ; car le créancier disait au débiteur : Je vous tiens pour libéré de la moitié de l'un ou de l'autre objet de l'alternative, et quand le débiteur voulait se libérer complètement, il remettait la moitié de l'un ou de l'autre objet à son créancier qui, dès-lors, était censé l'avoir intégralement reçu.

23. Toutefois, si l'objet de l'acceptilation est indivisible, comme une servitude, l'acceptilation partielle qui en serait faite serait un acte sans valeur, *nullius momenti*. Ainsi, serait inutile l'acceptilation partielle soit de la servitude *iter*, soit de la servitude *actus*, de la part de celui qui a stipulé la servitude *via*. Ulpien (1) considère comme acceptilation de la totalité et par suite déclare valable celle qui porte à la fois sur *iter et actus* (2).

(1) Fr. 13, § 1, *De accept.*
(2) On pourrait toutefois combattre cette décision par des textes qui établissent que la *via* renferme quelque chose de plus que la réunion de l'*iter* et de l'*actus*.

La dette d'un usufruit, chose éminemment divisible, était susceptible d'une extinction partielle au moyen d'une acceptilation (1).

24. Continuons à tirer des conséquences de ce principe qu'il est nécessaire, pour que l'acceptilation soit valable, que ce dont on fait remise soit une partie de la dette, que cette remise porte sur ce qui était *in obligatione,* et pas sur autre chose. Ainsi, il est constant que celui qui a stipulé un fonds de terre ne peut faire acceptilation de la clause *de dolo malo,* c'est-à-dire en garantie de la mauvaise foi. Pourquoi cela ? Parce que l'acceptilation contiendrait une chose autre que celle qui fait l'objet de la dette (2).

25. De même, serait nul l'acte du créancier d'un *fundus,* qui ferait remise de la servitude *via.* La *via* est, en effet, une chose essentiellement indépendante du fonds, et ne constitue pas une de ses parties (3).

26. Ulpien pense qu'il en est ainsi de l'*ususfructus,* qui, selon son opinion, n'est pas une partie du fonds. Nous devons remarquer cependant que, sur ce point, les jurisconsultes romains ne sont pas d'accord, et sans tenter de rechercher en vertu de quel principe l'usufruit était regardé, tantôt comme une portion du *fundus : « Instar partis dominii obtinens et habens effectum, »* (Cujas, *Observ.*), tantôt comme entièrement distinct du *fundus : « Non obtinens effectum partis ».* (Papinien) , nous nous bornerons à constater qu'en ce qui touche l'acceptilation, l'usufruit n'était pas regardé comme une partie de la

---

(1) Fr. 5, *De usuf. et quemadm.*
(2) Fr. 13, § 5, *De accept.*
(3) Fr. 13, § 2, *h. t.* Fr. 86, *De verb. sign.*

propriété, et qu'il en était autrement en matière de révocation de legs (1).

27. Si nous supposons maintenant que le créancier
de l'*ususfructus* fasse acceptilation de l'*usus*, Ulpien (2)
distingue : si le créancier a cru que l'*usus* lui était dû
indépendamment du *fructus*, l'acceptilation sera nulle ;
s'il a agi sachant bien que l'*usus* était compris nécessairement dans l'*ususfructus,* l'acceptilation vaudra : *cum
possit usus sinè fructu constitui*, disent les Pandectes ;
cum possit fructus sinè usu constitui, dit plus justement
Cujas (3).

28. Mais ici nous nous trouvons en présence d'une
antinomie qu'il s'agit de résoudre. Si Ulpien, dans plusieurs textes (4), admet la possibilité de constituer le
fructus sinè usu, ce même jurisconsulte, dans une autre
loi (5), pose ce principe, que « *fructus sinè usu esse non
potest.* » Pour nous tirer de cette difficulté, il nous suffira
de remarquer avec Pothier que, lorsque Ulpien parle
d'un *fructus sinè usu,* ce n'est pas d'un *fructus sinè ullo
usu* qu'il s'agit, puisqu'une pareille chose ne saurait
exister ; mais d'un *fructus* diminué, restreint par le droit
d'*usus* détaché de l'usufruit au profit de l'usager, *usus* qui
se réduit aux besoins personnels de ce dernier.

29. Dans le cas où le créancier a stipulé un genre, il
fera valablement l'acceptilation de l'une des espèces de
ce genre ; et la raison que nous en donne Julien (6) est

(1) Fr. *De adim. leg.*
(2) Fr. 13, § 3, *De accept.*
(3) Observ. L. XIII, cap. XII.
(4) Fr. 13, *De accept.* Fr. 5, *De usuf. et quem.* Fr. 14, § 3, *De usu et hab.*
(5) Fr. 14, § 1, *De usu et hab.*
(6) Fr. 13, § 4, *De accept.*

bien simple : ce que le débiteur pouvait donner en paiement à son créancier, même malgré lui, doit également opérer sa libération si le créancier lui en fait acceptilation.

30. S'il s'agit, au contraire, d'une dette en même temps conditionnelle et alternative, l'acceptilation, qui porterait sur l'un de ces objets, serait sans valeur si cet objet venait à périr *pendente conditione ;* car à l'événement de la condition, on se trouvera en présence d'une dette qui n'a jamais eu qu'un objet unique, et l'acceptilation pour éteindre l'obligation aurait dû porter sur cet objet même. Il suit de là, et cette conséquence est conforme au principe que nous avons établi plus haut quand nous avons étudié les caractères de l'acceptilation considérée comme *actus legitimus*, que si l'objet sur lequel a porté l'acceptilation existe encore au moment de l'événement de la condition, le débiteur se trouvera parfaitement libéré.

31. Il ne sera peut-être pas inutile d'étudier, en matière de constitution de dot, une application de notre principe dont les *Commentaires* de Voët nous offrent ce développement : « *Acceptilationem quam actibus legitimis accenseri suprà dictum, tacitè diem vel conditionem recipere..... licet expressa diei vel conditionis adjectione in totum acceptilatio vitiaretur.* »

32. Un homme fait remise à une femme qu'il est sur le point d'épouser d'une dette dont elle était tenue envers lui. Il est évident que dans l'intention des parties, l'acceptilation était subordonnée à une condition implicite : *Si nuptiæ sequantur.* Nous en conclurons que si le mariage vient à avoir lieu, l'acceptilation sera valable, mal-

gré l'existence de la condition : elle sera de nul effet, au contraire, si le mariage ne se réalise pas.

33. Nous trouvons au Digeste de nombreuses applications de cette règle (1). Ainsi, Ulpien (2) nous dit : « *Licet soleat dos per acceptilationem constitui, tamen si antè matrimonium acceptilatio fuerit interposita, nec nuptiæ secutæ, Scævola ait matrimonii causa acceptilationem interpositam, non secutis nuptiis, nullam esse, atque ideò, suo loco manere obligationem : quæ sententia vera est.* » Cette décision de Scævola approuvée par Ulpien semble en opposition avec une décision de Javolenus (3). Si une femme, dit ce jurisconsulte, voulant donner une dot, a fait à celui qu'elle devait épouser acceptilation de l'argent qui lui était dû et que le mariage n'ait pas eu lieu, elle pourra lui demander cet argent par *condictio;* car, peu importe que ce soit par une numération ou par une acceptilation que cet argent lui soit parvenu sans cause.

34. Un scholiaste des Basiliques (4) a tenté de concilier les deux textes, en distinguant si l'acceptilation est faite par la femme ou par un étranger : la femme hâtant le mariage de ses vœux, *festinatione votorum*, comme dit Macrobe, et le regardant comme sur le point de se faire, veut donner la dot sur-le-champ et entend que l'acceptilation produise immédiatement son effet. Le créancier étranger moins empressé ne veut libérer son débiteur et constituer par là une dot qu'au moment du mariage. Mal-

(1) Paul. Fr. 41, § 2. Julien, Fr 48, § 1. Ulpien, Fr. 43, *De jur. dot.*
(2) Fr. 43, Pr. l. c.
(3) Fr. 10, *De cond. caus. dat*.
(4) L. XXIX, 1, 39. Sc. o. (t. III, p. 378.)

heureusement, cette ingénieuse distinction ne paraît pas fondée, car Ulpien semble parler comme Javolenus d'une acceptilation faite par la femme. Ce n'est qu'ensuite, dans le § 1er du fragment 43, qu'il traite expressément de l'acceptilation faite par un étranger.

35. Rejetant donc ce moyen de conciliation, nous préférons admettre avec M. Pellat (1) qui s'appuie sur l'autorité de Cujas, que l'effet immédiat ou éventuel de l'acceptilation pour cause de dot, dépend de l'intention des parties : ont-elles voulu que la dette fût éteinte tout de suite, le mariage venant ensuite à manquer, la femme aura, non l'action de sa créance primitive qui est éteinte, mais la *condictio sinè causa*, ou *ob causam dati causa non secuta*, puisque l'ex-débiteur retiendrait sans cause une somme dont il ne lui a été fait remise qu'en vue d'une constitution de dot devenue impossible.

36. Ont-elles voulu que la dette ne fût éteinte qu'au moment où le mariage serait contracté, le mariage manquant, la dette n'a pas cessé d'exister et la femme conserve l'action qui y est attachée.

37. Cette explication nous paraît incontestable : par elle, se concilient parfaitement ces deux textes qui, malgré leur apparente contradiction, ont néanmoins été conservés tous deux dans l'œuvre de Justinien. Javolenus, croyons-nous, n'a jamais considéré la réalisation du mariage comme pouvant être la condition implicite de l'acceptilation, faite n'importe par qui, d'une dette pure et simple : aussi admettait-il l'effet immédiat de cette acceptilation ; que le mariage eût lieu ou qu'il n'eût pas

(1) **Textes sur la dot**, p. 185.

lieu ; cet effet, selon lui, se produisait toujours, et dès lors, dans la dernière hypothèse, ce n'était plus par l'exercice de leur action primitive, mais par une *condictio*, que la femme ou le constituant pouvaient répéter la somme dont la remise n'avait été faite qu'en vue du mariage.

38. Mais, en vertu d'une progression d'idées évidente, après avoir d'abord compris que l'acceptilation d'une dette conditionnelle pût être subordonnée à la réalisation de la condition, on finit par admettre que l'acceptilation d'une dette pure et simple faite en vue d'un mariage pouvait se modaliser par la condition que ce mariage aurait lieu : aussi ne doit-on pas s'étonner que Scœvola, contemporain de Gaius, ait exprimé le premier cette idée que l'acceptilation faite à un futur mari peut être réputée soumise à la condition que le mariage aura lieu, idée à laquelle, un demi-siècle plus tard, Paul et la plupart de ses contemporains donnèrent leur adhésion.

39. Remarquons avec Pomponius que le débiteur d'un corps certain était libéré par une acceptilation dans laquelle étaient mentionnés cumulativement l'objet de la dette et un objet différent. La maxime *utile per inutile non vitiatur*, recevait en ce cas son application.

40. L'acceptilation pouvait éteindre particulièrement l'*obligatio operarum* que contractaient *jurejurando* les affranchis (1), et aussi l'obligation qui dérivait de la *dictio dotis*, mode de constitution de dot spéciale à certaines personnes (2).

(1) Fr. 13, § pr. *De accept.*
(2) Ulp. Reg. tit. VI, § 2.

41. L'acceptilation, qui est du droit civil, est-elle possible, appliquée à une obligation naturelle ? Nous n'hésitons pas à nous prononcer pour l'affirmative, partageant sur ce point l'opinion de M. Massol (1). L'acceptilation consentie à l'égard d'une obligation naturelle, dit ce savant professeur, entraîne son extinction : peu importe que l'obligation naturelle prenne sa source ailleurs que dans une stipulation. Le créancier se déclarant satisfait consent à être considéré comme ayant reçu la chose : on ne saurait donc être admis à soutenir que le paiement n'a pas été effectué et que l'obligation se maintient. Du reste, on est forcé de convenir qu'une pareille stipulation emportant remise produit l'effet d'un pacte de *non petendo.* Nous n'en voulons d'autre preuve que la solution donnée par le Digeste (2) dans une espèce analogue.

§ 4.

De la capacité nécessaire pour faire ou recevoir une acceptilation.

42. Un double principe domine en cette matière : tandis que seul le créancier qui a le droit d'aliéner peut faire une acceptilation en faveur de son débiteur, à l'inverse, toute personne peut rendre sa condition meilleure en se libérant par ce mode d'extinction des obligations.

(1) *Oblig. nat.* p. 87.
(2) **Fr. 19,** *De accept.*

43. Ainsi, le pupille qui ne pouvait seul recevoir un paiement ne pouvait *a fortiori* consentir une acceptilation, si ce n'est avec l'*auctoritas tutoris* (1). Toute latitude lui était laissée, au contraire, pour recevoir de son créancier la remise de sa dette (2) : *Pupillum per acceptilationem etiam sinè tutoris auctoritate liberari posse placet.*

44. Pendant la tutelle perpétuelle des femmes à Rome, la femme nubile pouvait seule recevoir un paiement, tandis que, pour qu'elle pût consentir une acceptilation, l'intervention de son tuteur était indispensable (3). Et le motif en est assez évident : dans un cas, la femme *accepit pecuniam*; dans l'autre *acceptam habere se dicit* (4).

D'ailleurs, Ulpien (5) nous apprend que le concours du tuteur était indispensable aux femmes dans tous les cas de *negotium civile*. Cependant les Sabiniens pensaient que l'on devait respecter l'acte par lequel une femme débitrice était libérée *ipso jure* de son obligation par le créancier qui portait à l'*acceptum* de son registre ce qui ne figurait qu'à l'*expensum*.

45. L'esclave ne pouvait, même sur l'ordre de son maître, consentir une acceptilation au profit du débiteur de ce dernier (6). Car aux yeux du droit civil, l'esclave ne peut rendre pire la condition de son maître, même par son ordre, soit en l'obligeant par une stipulation, soit en le privant du bénéfice d'une créance par acceptilation. Cependant, au premier cas, le droit prétorien donnait

---

(1) C. I, 8, 44, au Code.
(2) Fr. 2, *De accept.*
(3) Gaius, Comm. III, § 171.
(4) Gaius, Comm. II, § 185.
(5) Reg. Ulp. tit. XI, § 27,
(6) Fr. 22, *De accept.*

au créancier l'action *quod jussu*, et, au second cas, le débiteur pouvait opposer à son maître l'exception *doli*. Au contraire, l'esclave pouvait toujours rendre meilleure la condition de son maître en agissant seul et de son propre gré, et le libérer en obtenant du créancier une acceptilation, pourvu toutefois qu'il eût agi *ex persona domini*. Ces principes, du reste, doivent s'étendre à toutes les personnes qui, dans la législation romaine, pouvaient, au moyen d'une stipulation, acquérir une créance pour autrui. Ainsi, un débiteur pouvait se trouver libéré par l'acceptilation faite à un esclave sur lequel il avait un droit d'usufruit ou un droit d'usage, ou bien encore par l'acceptilation faite à un homme libre retenu de bonne foi *in servitute* (1).

Labéon nous apprend qu'un esclave commun à deux maîtres peut, par acceptilation, libérer l'un d'eux, même envers l'autre. Bien plus, si cet esclave a stipulé de l'un de ces maîtres associés en faveur de l'autre, il peut recevoir acceptilation de ce dernier et arriver à ce résultat digne de remarque : d'avoir servi d'unique intermédiaire à la naissance et à l'extinction de la même obligation.

46. L'esclave héréditaire pouvait, par acceptilation, obtenir la libération de ce que devait le défunt ; mais pour cela il fallait qu'il eût agi *impersonnaliter* (2). Car, s'il avait interrogé au nom du *de cujus*, l'acceptilation eût été nulle comme la stipulation en pareil cas (3). S'il nommait l'héritier futur, on devait distinguer de même

(1) Fr. 11, § 1, *De accept.* Fr. 23, *De usuf. et quem.*
(2) Fr. 11, § 2, *De accept.*
(3) Fr. 18, § 2, *De stipul. serv.*

qu'au sujet du § 4 du fragment 28 *de stipul. serv.*, si l'esclave avait ou non désigné nominativement l'héritier futur au profit duquel il faisait l'interrogation. L'acceptilation était nulle si cet héritier futur avait été désigné par son nom.

47. Le retour dans la patrie effaçait, nous le savons, *jure postliminii*, toutes les conséquences de droit de la captivité. Aussi, au retour du maître qui avait été pris par l'ennemi, l'acceptilation faite à l'esclave était confirmée de quelque manière qu'elle eût été consentie : *sibi impersonnaliter, vel domino*. Si le maître mourait chez l'ennemi, l'acceptilation faite à l'esclave était nulle, s'il n'avait pas agi *sibi vel impersonnaliter* ; car, en vertu du bienfait de la loi Cornélia, son maître était regardé comme mort au moment même de sa captivité.

48. Un fils de famille pouvait aussi recevoir une acceptilation au profit de son père (1). En certains cas, le fils de famille s'obligeant civilement lui-même, pouvait par suite être libéré de son obligation s'il obtenait une acceptilation de son créancier, et le père n'étant pas débiteur ferait un acte sans valeur en demandant à ce créancier, s'il tient pour acquittée la dette dont il s'agit. Ulpien, à ce sujet (2), ajoute ensuite : « *Idem erit in servo dicendum.* » Quel est le sens de ces mots, puisque nous savons que l'esclave par ses promesses ne s'obligeait pas civilement et n'obligeait pas son maître ? Cette acceptilation pourra être utile à l'esclave dans le cas où il se trouvera obligé *ex delictis*. Dans cette hypothèse,

(1) Inst. liv. III, tit. IX.
(2) Fr. 8, § 4, *De accept.*

une acceptilation le libèrera de sa dette en même temps qu'elle éteindra les actions prétoriennes auxquelles le maître serait exposé par le fait de son esclave (1). L'acceptilation sera également utile à l'esclave dans le cas exceptionnel où il peut s'obliger civilement par contrat (2). Car, suivant Trébatius, si l'on a fait un dépôt à un esclave et qu'il en soit resté détenteur depuis son affranchissement, c'est contre lui et non contre son maître qu'il faut diriger l'action du dépôt, par exception à la règle de droit qui défend d'actionner un affranchi pour les obligations qu'il a contractées pendant sa servitude.

49. En principe, le créancier et le débiteur, leurs héritiers ou leurs successeurs, d'après le droit prétorien (3), les personnes qui leur étaient attachées par un lien de puissance, pouvaient seuls jouer un rôle dans l'acceptilation. Classée parmi les *actus legitimi*, l'acceptation ne pouvait se faire par l'intervention d'une personne étrangère: «*perprocuratorem nec liberari nec liberare quisquam acceptilatione potest* (4)...» Mais Paul ajoute qu'il n'en est ainsi qu'en l'absence de mandat, *sinè mandato*; l'intervention d'un mandataire est donc permise. Comment dès lors concilier ce texte de Paul avec le § 10 du Fragment 13 de notre titre, dans lequel Ulpien nous dit que : « *Nec procurator quidem potest facere acceptum ?* » En observant d'abord que Paul ne peut être en contradiction avec lui-même, puisqu'il est évident qu'il ne

---

(1) Fr. 8, § 4, *In fine,* l. c.
(2) Fr. 21, *Depos.*
(3) Fr. 13, § 11, *De accept.*
(4) Fr. 3, *De accept.*

saurait y avoir de *procurator* sans mandat, il nous est facile de traduire le sens des termes qu'il a employés, et de les faire concorder avec le texte d'Ulpien. L'idée de Paul est celle-ci : Au moyen d'une novation on peut arriver à l'extinction de la dette ou de la créance d'autrui ; seulement, en ce dernier cas, il fallait avoir un mandat de créancier ou puiser dans la loi un droit spécial (1). Les tuteurs, curateurs prenaient par le moyen d'une novation, la place des pupilles, des insensés, et pouvaient dès lors faire acceptilation à leurs propres débiteurs : *Sed hi omnes debent novare, possunt et sic accepta facere* (2).

50. Nous savons que par *expromissio*, c'est-à-dire au moyen d'une novation par substitution d'un nouvel obligé, on pouvait, même sans qu'il fût besoin de son adhésion, devenir personnellement débiteur à la place d'une autre personne et par suite s'affranchir de la dette par acceptilation : grâce à ce procédé ingénieux, on venait au secours des absents, au profit desquels ne pouvait avoir lieu une acceptilation directe : « *Ita fiet ut absens novatione, præsens enim acceptilatione liberetur.* »

§ 5.

Effets de l'acceptilation.

51. Eteindre l'obligation sans qu'il y ait eu de paiement réel, tel était l'effet de l'acceptilation que Justinien

(1) Fr. 13, § 10, l. c.
(2) Id. *In fine*.

appelle une *imaginaria solutio* : elle tenait lieu de paiement (1). Quelquefois cependant on la faisait intervenir après un paiement réel, afin d'en rendre le résultat plus manifeste et plus incontestable (2). Dans tous les cas, son effet était d'éteindre la dette et d'enlever ainsi au créancier tout moyen d'action (3).

52. Avec l'obligation, objet de l'acceptilation, sont encore éteintes toutes les actions qu'un paiement réel eût anéanties : ainsi, l'action contre le débiteur principal n'existe plus après que le fidéjusseur est libéré par acceptilation (4) et réciproquement. Les actions que le droit prétorien accordait contre le maître dans le cas d'une promesse émanant de l'esclave, disparaissaient de même, après l'acceptilation obtenue par celui-ci (5).

53. Javolenus (6) pose une règle absolue en matière d'obligation corréale : « *Acceptilatione unius tota solvitur obligatio.* » Dès lors, l'acceptilation faite au débiteur par l'un des *correi stipulandi*, anéantit l'obligation à l'égard de tous (7).

54. Quant à l'*adstipulator*, il est mandataire du stipulant, et sauf l'intransmissibilité de son droit, il est créancier dans ses rapports avec le débiteur (8) : l'acceptilation qu'il fait en faveur de ce dernier le libère donc complètement, et le stipulant perd son action contre ce débiteur : il ne conserve qu'un recours contre l'*adstipu-*

(1) Ulp. Reg. liv. 11.
(2) Fragm. 19, § 1, *De accept.*
(3) Cons. 2, 3, *De accept.* au C.
(4) Fr. 13, § 7. Fr. 16, § 1, *De accept.*
(5) Fr. 11, § 1, *De accept.*
(6) Fr. 2, *De duobus reis.*
(7) Fr. 13, § 12, *De accept.*
(8) Gaius, Comm. III, § 114.

lator par l'action *mandati directa* ou *legis Aquiliæ*, second chef (1).

55. S'il y a plusieurs *correi promittendi*, l'acceptilation faite à l'un d'eux profite à tous les autres (2). Il en est de même pour tous ceux qui sont *ejusdem obligationis participes*. Si donc une personne tenue d'une obligation indivisible, meurt en laissant plusieurs héritiers, tous se trouveront libérés par l'acceptilation faite à un seul. Il en serait autrement toutefois pour une obligation indivisible *solutione tantùm*, par exemple, celle de donner un esclave *in genere*. Consentie à l'un des héritiers, l'acceptilation n'éteindra l'obligation que pour sa part et laissera ses cohéritiers exposés pour la leur, à la demande du créancier (3).

56. Il pouvait arriver que l'acceptilation éteignît, indirectement toutefois, une obligation formée autrement que *verbis*. Voici un exemple que nous fournit Ulpien (4) : un débiteur est obligé *re* et un fidéjusseur est tenu *ex stipulatu* : l'acceptilation obtenue par ce fidéjusseur ayant l'effet d'un paiement, entraînait l'extinction de l'obligation du débiteur principal, bien qu'elle n'eût pas sa source dans un contrat verbal. Observons toutefois avec Gaius (5) que si le fidéjusseur doit sous condition, le débiteur principal ne sera libéré qu'à l'événement de la condition dont l'effet sera de compléter l'obligation conditionnelle et de confirmer l'acceptilation. Mais dans le cas où l'effet de la condition accomplie sera devenu

(1) L. c. § 215, 216.
(2) Fr. 16, Pr. *De accept.*
(3) Fr. 2, § 3, *De verb. obl.*
(4) Fr. 13, § 7, *De accept.*
(5) Fr. 72, *De fidejuss.*

impossible par suite d'un événement nouveau , par
exemple l'expiration d'un terme qui a dégagé le *sponsor*
de son obligation, le créancier pourra agir immédiatement contre le débiteur principal privé désormais de tout
espoir de libération par une acceptilation.

57. Il est certain que l'acceptilation faite au débiteur
principal ou à son fidéjusseur avant que l'obligation
principale soit contractée, est nulle. Ulpien cite à ce
sujet deux exemples : le premier (1) n'offre pas de
difficultés : il s'agit du cas où un fidéjusseur qui s'est
engagé avec quelqu'un pour garantir ce qu'il doit prêter
à Titius obtient une acceptilation avant le prêt. Le second
exemple (2) est plus subtil : si on a fait acceptilation au
fidéjusseur donné par l'héritier pour des legs faits sous
condition, ces legs n'en seront pas moins dus quand la
condition se réalisera ; c'est là une conséquence de l'idée
romaine qui n'admettait pas la rétroactivité de la condition en matière de droits dérivant du testament (3). Le
fidéjusseur n'ayant pas été obligé jusqu'au moment de la
réalisation de la condition, l'acceptilation faite en sa
faveur avant cette époque est de nul effet.

58. Jusqu'à ce moment, nous avons supposé une
obligation unilatérale éteinte par l'acceptilation. Nous
devons maintenant nous placer en présence d'un contrat
synallagmatique et nous demander quel était, en ce cas,
l'effet d'une acceptilation faite par une partie en faveur
de l'autre. Nous constaterons d'abord que cette acceptilation n'a de force que comme pacte, *potestate conven-*

(1) Fr. 13, § 9, *De accept.*
(2) Fr. 13, § 8, *De accept.*
(3) Fr. 42, *De obl. et act.* Fr. 78, *De verb. obl.*

tionis et non suâ naturâ, puisque nous sommes en présence d'obligations résultant *ex solo consensu.* Quant à la puissance de ce pacte, il y avait désaccord entre les jurisconsultes. Labéon (1), fidèle à la rigueur des principes auxquels était soumise l'acceptilation, voulait que celui-là seul fût libéré qui avait interrogé dans l'acceptilation. Paul et Julien (2) faisaient prévaloir l'intention présumée des parties et admettaient l'extinction des obligations *ex utrâque parte,* à moins qu'une volonté contraire ne fût manifestement exprimée, ou ne fût une conséquence de la force des choses, quand, par exemple, l'exécution d'un legs procurait sa libération à l'un des obligés par contrat synallagmatique : le légataire était affranchi de ses obligations et restait créancier vis-à-vis de l'héritier ; comment, en effet, invoquer en pareil cas l'intention commune des parties?

II. — Du pacte de non petendo.

59. Nous avons essayé d'exposer, aussi clairement que possible, les principes qui régissaient l'acceptilation, ce mode de libération qui tenait du droit civil et sa puissance et la rigidité de ses formes. Nous allons maintenant tâcher d'esquisser les règles du pacte *de non petendo,* autre mode de libération, celui-ci plus souple et se conformant mieux aux nuances diverses de la volonté des parties. Dans une première section, nous

(3) Fr. 23, *De accept.*
(4) Fr. 23, *De accept.* Fr. 5, Pr. *De resc. vend.*

étudierons le caractère de ce pacte ; nous rechercherons dans une seconde à l'égard de quelles personnes ce pacte produisait son effet ; enfin, nous tâcherons dans une dernière division d'établir une comparaison entre la nature et les effets de nos deux modes de libération.

SECTION Ire.

CARACTÈRES DU PACTE *de non petendo*.

60. Le pacte *de non petendo* consiste dans la convention intervenue entre un créancier et son débiteur, en vertu de laquelle le premier consent, ou à ne rien demander au second, ou à n'exiger de lui qu'une partie de la dette, ou à n'agir contre lui qu'après un certain temps (1). Nous croyons qu'il n'est pas inutile, afin de faire mieux saisir la portée du pacte qui nous occupe, de rappeler en peu de mots les principes du droit romain en matière de pactes.

61. Le pacte ou convention proprement dite, *nudum pactum*, est l'accord de deux volontés sur le même objet, tendant à régler des rapports juridiques sanctionnés par le droit naturel (2). Le caractère général des pactes est qu'ils font naître des obligations naturelles, et, par conséquent, donnent lieu à des exceptions. Mais peu à peu on a accordé à quelques-uns d'entr'eux une action, et ils ont ainsi constitué des *non nuda pacta*. On distingue les

(1) Fr. 41, *De pactis*.
(2) Inst. Etienne, II, p. 29.

pacta legitima, c'est-à-dire ceux à qui une action a été attachée par un monument de législation de fraîche date, tel qu'une constitution impériale (1) ; les *pacta prætoria*, ceux à qui le droit prétorien attache une action (2), et les partis adjoints aux contrats, ou *ex post facto* ou *in continenti*.

62. Le pacte adjoint *in continenti* intervenu *ad minuendam obligationem* diminue, *ipso jure*, l'obligation dans les contrats *bonæ fidei* : car, né en même temps que le contrat, il participe à tous ses effets civils. Quant à l'effet de ce pacte dans les contrats *stricti juris*, il y avait controverse sur le point de savoir si l'obligation était diminuée *ipso jure* ou *exceptionis ope* (3). Le pacte adjoint *ex post facto*, par la raison bien simple que son adjonction n'est pas immédiate, ne produit pas des effets aussi remarquables que le précédent : en principe, il n'atteint son but que *exceptionis ope* ; comme l'exception *pacti conventi* n'était qu'une exception *doli in factum scripta* et par suite sous-entendue dans les actions de bonne foi, il y avait, à ce point de vue, une différence entre les actions *bonæ fidei* et les actions *stricti juris*, car dans ces dernières l'*exceptio* et la *replicatio* devaient toujours être expressément formulées. Mais, dans les deux cas, *aux yeux du droit civil*, l'obligation n'était nullement diminuée par notre pacte qui tendait à ce résultat, et un simple pacte suffisait pour rendre à cette obligation son étendue primitive. Néanmoins, les contrats parfaits *solo consensu* qui sont *bonæ fidei*, présentent une excep-

(1) C. 8, 54, l. 35, § 5 ; C. 5, 11, l. 6, au Code.
(2) Inst. Just. IV, 6, §§ 7, 8, 9.
(3) Fr. 40, *De reb. cred.* au Dig.

tion au principe général que nous venons d'établir, et en vertu de la règle générale établie par Ulpien et que nous avons rapportée au n° 6 de ce travail, les obligations qui naissaient de ces contrats pouvaient aussi s'éteindre *solo consensu*, à une condition toutefois, c'est que l'une des parties n'eût pas déjà exécuté son obligation, *rebus integris* ou du moins *in integrum restitutis*, si cette exécution avait eu lieu (1).

63. Appliquant ces principes au pacte *de non petendo*, nous dirons donc qu'étant fait, en général, *ex post facto*, ce pacte éteindra le plus souvent l'obligation *exceptionis ope*. Ce pacte opèrera libération *ipso jure* quand il interviendra pour faire remise de l'action d'injure ou de l'action de vol, et cela en vertu de la loi 17 § 1 *de pactis* au Digeste. Il en sera de même, d'après Papinien (2), d'un pacte ayant pour but de faire remise d'une obligation naturelle : « On conçoit bien, dit M. Pellat (3), qu'une simple convention suffise pour éteindre absolument une obligation naturelle née d'une convention avouée par le droit des gens, mais non reconnue par le droit civil qui refuse de l'appuyer d'une action, quand on voit qu'elle suffit pour éteindre, *ipso jure*, l'obligation qui résulte d'une convention toute semblable en la forme, empruntée au droit des gens et adoptée par le droit civil qui y a attaché une action : c'est ce qui a lieu pour les obligations naissant des quatre contrats consensuels : la vente, le louage, le mandat, la société, obligations

---

(1) Ulp. Fr. 7, § 6, *De pactis*. Inst. liv. III, tit. XXIX. Vernet, Text. choisis p. 38-39.

(2) Fr. 95, § 4, *De accept*.

(3) Textes sur les Pandectes, p. 244.

qui, liées par le seul consentement, se délient aussi par le seul consentement. » Cette citation confirme encore mieux ce que nous étions sous le point de dire, à savoir que les obligations de bonne foi qui naissent d'un contrat consensuel s'éteignent, *ipso jure*, par le pacte de remise qui lui-même constitue, ici, pour ainsi dire, un véritable contrat consensuel.

64. Il pouvait se faire qu'en dehors d'une convention le débiteur eût le bénéfice de l'exception produite par notre pacte : car le *pactum de non petendo* n'était pas toujours explicite et formel : il résultait parfois de certains actes sans valeur aux yeux du droit strict ou de certains faits qui faisaient présumer chez le créancier l'intention de ne point poursuivre.

65. Quand une acceptation était nulle comme renfermant un terme ou une condition expresse, elle valait cependant comme pacte, à moins toutefois que le créancier n'eût parfaitement su que son acceptilation était *nullius momenti* (1) : « *quis dubitat non esse pactum*, dit Ulpien, *cum consensum paciscendi non habuerit.* » Ainsi, en principe, l'acceptilation inutile *utile habet pactum*, tandis que la stipulation inutile *utile non habet pactum ;* et Cujas justifie en ces termes cette apparente contradiction : « *Stipulationi non inest constitutum, inest quidem consensus, sed ex nudo consensu non nascitur obligatio, nascitur tamen liberatio exceptionis jure.* »

66. Nous savons que le droit civil ne rangeait point, en général (2), parmi les modes d'extinction des obliga-

(1) Fr. 27, § 9, *De pactis.* Fr. 8, Pr. *De accept.*
(2) Gaius, III, 121.

tions l'échéance d'un terme : « *ad tempus deberi non potest.* » Mais ici comme partout le préteur corrigeait la rigueur des principes du droit strict. Tenant compte de l'intention des parties, il tirait d'une modalité inutile apposée à une obligation la conséquence d'un pacte *de non petendo*, et par l'exception *pacti*, il paralysait les effets de cette obligation qui, en pur droit, continuait à exister. Et Cujas dit à ce sujet : » *Datis exceptionibus prætor tuetur voluntatem contrahentium adversùs rigorem juris civilis, si contrahentes tempore certo obligationem finiri voluerunt.* »

67. Le pacte *de non petendo* peut aussi se déduire de certains faits. Ainsi, le créancier qui remettait à son débiteur le titre, la *cautio*, l'écrit constatant son droit, était censé renoncer à le poursuivre (1). S'il se bornait à lui rendre le gage, la présomption de remise de la dette disparaissait (2); et cela est facile à comprendre : car la libération de l'obligation accessoire ne peut en aucune manière faire présumer la remise de la dette principale. Mais, si en même temps que le gage, le créancier a remis son titre au débiteur, alors il y a pacte tacite *de non petendo*. Vinnius (3) nous dit à ce sujet : « *Ipsâ verò cautione, seu chirographo debiti restituto, placuit id videri tacitè convenisse ne debitum petatur, neve pignoris persecutio sit.* »

68. Dans la célèbre loi Procula (4), nous trouvons un ensemble de circonstances qui permettait d'induire

(1) Fr. 2, § 1, *De pactis.*
(2) Fr. 3, l. c.
(3) Comm. de Voët, p. 171, éd. 1731
(4) Fr. 26, *De probat.*

un pacte tacite *de non petendo :* un frère devait à sa sœur Procula un fidéicommis très-important : quoique souvent il eût existé entre eux des paiements et des règlements de comptes, jamais néanmoins la sœur ne réclama le montant du fidéicommis ; mais elle voulut à la mort de son frère opposer à ses héritiers, à titre de compensation, ce qui lui était dû *ex causâ fideicommissi.* L'empereur Commode, interrogé sur ce point, décréta qu'il n'y avait pas lieu à compensation, et que Procula devait être considérée comme ayant tacitement fait remise à son frère du fidéicommis : les héritiers purent dès lors invoquer l'exception *pacti ;* toutefois, hors du cas prévu, ajoute le texte, « *decreto non erat locus.* » Au contraire, si un créancier *ex causâ judicati* devenu créancier du même débiteur *ex aliâ causâ,* négligeait de mentionner dans le titre constatant la deuxième dette l'existence de l'obligation antérieure, ce fait seul ne constituait pas une base suffisante pour faire présumer la remise de la créance non mentionnée « *Ex eo solo quod in cautione alicujus debiti non fecerit quis mentionem alterius pecuniæ quæ sibi debebatur colligi non potest pactum de non petendo* (1). »

69. Deux autres lois contiennent des présomptions de pacte tacite en matière d'intérêts : d'abord (2), le créancier qui, pendant un intervalle de temps assez considérable, ne réclamait pas des intérêts échus, était censé les avoir abandonnés. En second lieu (3), le créancier qui recevait des intérêts non échus, *in futurum,* promettait

(1) Fr. 29, *De obl. et act.* Poth. 83, *De pactis.* Pand. t. II, p. 705.
(2) Fr. 17, § 1, *De us. et fruct.*
(3) Fr. 57. Pr. *De pactis.*

ainsi tacitement de ne pas réclamer le capital pendant la période dont il avait perçu d'avance les intérêts.

70. Maintenant que nous avons vu en quels cas il y avait lieu à un pacte *de non petendo*, et avant d'arriver à la détermination des personnes qui peuvent l'invoquer ou auxquelles on peut l'opposer, nous devons rappeler ici la division essentielle des pactes, car dans l'étude à laquelle nous allons nous livrer sur le pacte *de non petendo*, nous aurons souvent l'occasion d'en apprécier toute l'importance.

71. Ulpien (1) établit cette division en termes précis : « *Pactorum quœdam* IN REM *sunt, quœdam* IN PERSONAM. In rem sunt quotiens generaliter paciscor ne petam ; in personam quotiens ne à personâ petam, id est ne à Lucio Titio petam.* » D'après ce jurisconsulte, pour savoir si un pacte est *in rem* ou *in personam*, il ne faut pas moins s'attacher à l'intention des parties qu'aux termes qu'elles ont employés : car un pacte peut être *in rem*, bien que le nom d'une personne s'y rencontre. Cette limitation n'a pas alors pour but de limiter la portée du pacte, mais d'indiquer seulement la personne avec laquelle on fait la convention. Papinien (2) veut que l'on s'en tienne aux termes employés, à moins que la volonté contraire n'apparaisse clairement, auquel cas la lettre doit fléchir devant l'esprit. Ainsi, il considère comme *in rem* le pacte ainsi conçu : « *profiteor te non teneri.* » Celse (3) nous apprend que si l'on reste dans l'incertitude sur la portée

---

(1) Fr. 7, § 8, *h. t.*
(2) Fr. 40, Pr. *De pactis*.
(3) Fr. 9, *De prob.*

du pacte, après en avoir consulté les mots et l'intention, on devra l'interpréter dans un sens large.

72. Entre ces deux sortes de pactes nous en rencontrons une troisième espèce, le pacte mixte auquel fait allusion Florentinus, dans le § 1er du frag. 57 *de Pactis*. On conçoit que deux personnes se trouvant en présence dans l'hypothèse posée par ce jurisconsulte, la convention puisse être limitée d'un côté, de l'autre sans restrictions. Les effets de ce pacte seront scindés, conséquence inévitable de sa double nature.

73. En résumé, nous pouvons dire que le pacte *in rem* profite, en général, à tous ceux qui sont intéressés à l'extinction de la dette au sujet de laquelle pactise le débiteur (1), tandis que le pacte *in personam* ne profite qu'à celui-là même qui le fait (2).

SECTION II.

DES PERSONNES A L'ÉGARD DESQUELLES LE PACTE *de non petendo* PRODUIT SON EFFET.

74. En principe, un pacte ne peut profiter ou nuire qu'aux personnes entre lesquelles il est intervenu, et les textes qui consacrent cette règle sont nombreux au Digeste (3). Donc, en règle générale, le pacte *de non petendo* ne pourra être invoqué ni par les tiers ni contre

---

(1) Fr. **21**, § 5, *De pactis.*
(2) Fr. **17**, § **1**, *h. l.*
(3) Fr. **73**, § 4, Fr. **74**, *De reg. jur.* Fr. 15, *De tut et rat. dist.* C. 25, *De pactis*, au Code.

les tiers (1). Paul, dans le Fragm. 17, § 6, *de pactis*, fait une application de cette règle : il suppose que le possesseur d'une hérédité a pactisé; plus tard il est évincé : l'héritier qui l'évince ne pourra ni profiter, ni souffrir de ce pacte. Dans un autre texte, ce même jurisconsulte paraît en contradiction avec lui-même : il suppose le cas où le possesseur d'une hérédité a fait un pacte de constitut; il est évincé par l'héritier, et Paul permet à ce dernier d'exercer l'action qui découle du constitut. Cujas, pour lever la contradiction, fait observer que l'engagement résultant du pacte de constitut était toujours l'accessoire d'une obligation antérieure et que l'accessoire devait passer à l'héritier avec l'obligation principale : « *Accessorium sequitur principale.* » Dans le pacte *de non petendo*, il n'y avait rien de semblable : aussi ce pacte était-il toujours regardé comme non avenu aux yeux de l'héritier évinçant le possesseur d'une hérédité.

75. En droit strict, le pacte *de non petendo* fait par le mandataire ne pouvait être invoqué ni par le mandant, ni contre lui : mais, de bonne heure, le préteur apporta un heureux correctif au principe qui engendrait nécessairement la nullité du pacte fait par le mandataire : il fit respecter le pacte et en assura l'efficacité au moyen d'une exception de dol qui pouvait être invoquée soit par le mandant lui-même, soit par la personne qui avait pactisé avec le mandataire (2). Toutefois, cette exception ne résultait pas du pacte fait par un mandataire

(1) Fr. 74, *De reg. jur.*
(2) Fr. 10, § 2, *De pactis.*

quelconque : ainsi, le *procurator omnium rerum* (1) pouvait, en vue de l'utilité de sa gestion, faire un pacte *de non petendo*, tandis que le *procurator ad litem*, à moins qu'il ne fût *procurator in rem suam*, c'est-à-dire *loco domini*, ne pouvait pas faire un pareil acte (2).

76. Quant aux mandataires légaux, une dérogation à la rigueur des principes ayant été jugée indispensable, on leur permettait de faire un pacte *de non petendo* dans l'intérêt de la personne confiée à leurs soins (3). Si, au contraire, ce pacte devait avoir pour effet de rendre pire la condition de ceux dont les intérêts leur étaient confiés, il était dénué de tout effet (4`. Remarquons cependant que certains textes du Digeste (5) établissent que le pacte intervenu entre le tuteur et le voleur peut éteindre l'action *furti*. Une simple observation suffira pour concilier le texte du Code avec celui du Digeste : on peut en effet supposer, ce que la loi 56, *de furtis*, semble indiquer, que la chose volée est revenue entre les mains du tuteur ou du pupille, et que, dès lors, bien que lui supprimant le bénéfice de l'action *furti*, le pacte du tuteur n'a pas eu pour effet de rendre pire la condition du pupille.

77. Ainsi, le pacte *de non petendo* ne pouvait profiter ou nuire qu'aux parties entre lesquelles il était intervenu. Etudions maintenant les développements ou les modifications que recevait ce principe à raison de l'existence, entre le pactisant et une autre personne, soit de

---

(1) Fr. 12, *h. l.*
(2) Fr. 13, *De pactis.*
(3) Fr. 15, *l. c.* Fr. 28, § 1, *l. c.*
(4) C. 22, *De pactis*, au Code.
(5) Fr. 54, § 5, Fr. 56, § 4, *De furtis.*

la relation d'auteur à ayant-cause, soit d'un lien de puissance, soit de certains rapports concernant l'obligation, soit enfin de rapports entre les créanciers de la même succession. Cette étude va faire l'objet de quatre paragraphes.

§ 1.

Existence de la relation d'auteur à ayant-cause.

78. Supposons d'abord un ayant-cause à titre universel, un *hæres* ou un *bonorum possessor*. Nous devrons distinguer pour déterminer ses effets, si le pacte *de non petendo* est *in rem* ou *in personam*. Au premier cas, le pacte profite et nuit à l'ayant-cause comme à l'auteur lui-même (1). Par les paroles « *profiteor te non teneri,* » c'est l'obligation elle-même, dit Cujas (2), qui se trouve anéantie. Dans le second cas, le pacte ne produit aucun effet à l'égard de l'héritier (3) : « *Personale pactum ad alium non pertinet quemadmodùm nec ad hæredem.* » Paul (4) nous apprend, en insistant sur cette idée que le pacte *de non petendo* ne peut profiter à un tiers, l'inutilité à l'égard de Titius de la convention « *ne a me neve a Titio petatur,* » ce même Titius devint-il plus tard mon héritier. Pourquoi cela? En vertu de l'application de

(1) Fr. 40, Pr. *de pactis.*
(2) Observ. liv. XVIII, ch. II.
(3) Fr. 25, § 1, *De pactis.*
(4) Fr. 17, § 4, *l. c.*

cette maxime bien connue : « *Quod ab initio vitiosum est, non potest tractu temporis convalescere* (1). Toutefois, par argument d'analogie tiré du Fragment 4, § 2, *de pactis*, nous dirons que si Titius devient mon héritier, l'exception de dol venant à son secours pourra maintenir les effets du pacte. Papinien fait remarquer, avec raison, selon nous, que lorsque le débiteur pactise pour un tiers « *tanquàm hæredi futuro,* » ce pacte sera parfaitement valable, et ce tiers devenu l'héritier du débiteur pourra l'invoquer à son profit.

79. D'après Celse (2), le débiteur pouvait restreindre le bénéfice du pacte à un seul de ses héritiers : celui-ci peut dès lors invoquer l'exception *pacti*, afin de repousser l'action dirigée contre lui pour sa part dans la dette ; mais ses cohéritiers, s'ils n'ont pas le même droit, ne seront, du moins, jamais tenus que de leur part héréditaire et non de celle du cohéritier en faveur duquel a été fait le pacte *de non petendo*. Ils seraient toutefois tenus même de la part de ce dernier, au cas où il s'agirait d'un pacte tellement personnel que celui-là seul pouvait en profiter au nom duquel il avait été consenti, c'est-à-dire un pacte *in personam, personaliter conceptum*.

80. Recherchons maintenant si les ayant-cause à titre particulier du pactisant peuvent invoquer le pacte *de non petendo* fait par leur auteur. Supposons que le possesseur de la chose d'autrui convienne avec le propriétaire que celui-ci ne la revendiquera pas ; ce possesseur vend ou donne la chose : l'acheteur ou donataire pourra-

----

(1) Fr. 26, *De reg. jur.*
(2) Fr. 33, *De pactis.*

t-il profiter de ce pacte? Un texte de Paul (1) nous apprend qu'il existait sur ce point une controverse entre les écoles Sabinienne et Proculienne. Cette dernière se prononçait pour l'affirmative au cas où le pacte était *in rem* : la première acceptait cette solution dans tous les cas, et cela, *optimâ ratione*, selon Cujas, « *quia alioqui nec prodesset venditori vel donatori, si de câ re ipse non statueret suo arbitrio, eamque alienare non posset.* » Accurse fait néanmoins observer avec raison que le pacte *in rem* devait profiter à l'ayant-cause sans limitation de temps, *perpetuò*, tandis que le pacte *in personam* ne pouvait être invoqué que durant la vie de celui *cujus personæ pactum cohæret.*

§ 2.

Existence d'un lien de puissance.

81. Le pacte *ne à patre vel à domino petatur* fait par un fils de famille ou un esclave, est valable et produit une exception, qu'il s'agisse d'une dette contractée par celui qui est investi de la *potestas patria* ou *dominica*, ou par celui qui est soumis à cette *potestas* (2). Paul ajoute qu'il en est de même pour les pactes faits par ceux *qui bonâ fide serviunt*, sauf toutefois une distinction ; quant à ces derniers, le principe n'existe qu'en deux cas : s'ils acquiè-

(1) Fr. 17, § 5, *De pactis.*
(2) Fr. 17, § 7, Fr, 18, Fr. 19, § 1, *De pactis.*

rent *ex re nostrâ* ou *ex suis operis ;* ce même principe est vrai dans tous les cas, en ce qui concerne le fils de famille et l'esclave.

82. Supposons qu'un fils de famille ou un esclave aient fait un pacte *ne à se petatur*. Paul (1) nous apprend que si le pacte est *in rem*, le maître aura le droit de se prévaloir d'une telle convention faite par son esclave : *à fortiori* donc pourra-t-il invoquer le pacte *in rem* fait par le fils de famille. Mais si le pacte est *in personam*, la solution sera différente suivant qu'il s'agira du fils de famille ou de l'esclave. Le fils de famille qui aura pactisé de la sorte pourra toujours opposer l'exception *pacti* aux poursuites dirigées contre lui (2). Cette faveur appartiendrait aussi au *paterfamilias* contre lequel on agirait *de peculio* ou *de in rem verso* (3). Seulement, comme le droit en question est ici un droit tout personnel, le père ou son héritier, après la mort du *filiusfamilias*, ne pourront plus invoquer l'exception *pacti* (4). Quant au pacte *in personam* fait par un esclave, il est sans valeur, vu que l'esclave ne peut ni ester ni être cité en justice (5). Dans le droit strict, ce pacte, de nul effet pour l'esclave, aurait dû aussi être de nul effet quant au maître ; mais le préteur, prenant en considération des motifs d'équité, accorda au maître, durant la vie de l'esclave, l'exception de dol, *subsidium exceptionis pacti* (6).

83. Nous arrivons au pacte *de non petendo*, que la per-

---

(1) Fr. 21, § 1, *l. c.*
(2) Fr. 39, *De obl. et act.*
(3) Fr. 19, § 1, Fr. 20, Fr. 21, pr. *De pactis.*
(4) Fr. 1, § 4, *Quand. de pec. act.*
(5) Fr. 107, *De reg. jur.*
(6) Fr. 21, § 2, *De pactis.*

sonne investie de la *potestas* fait au profit de celle qui y est soumise.

84. En ce qui touche le pacte fait par le maître *ne à servo petatur*, il n'a pas plus de valeur que le pacte fait par l'esclave lui-même *ne à se petatur* (1). Toutefois, si telle a été l'intention des parties, le maître pourra profiter de ce pacte *per exceptionem doli*.

85. Abordons maintenant le cas plus compliqué dans lequel le père pactise en nommant son fils, et étudions d'abord l'hypothèse dans laquelle le pacte est intervenu au sujet d'une obligation contractée par le père. Supposons que le père débiteur pactise *ne à filio petatur* : avant tout, nous le savons, il faut, en cette matière, rechercher l'intention des parties ; nous déciderons en conséquence que, si le fils a été désigné comme *extraneus*, il ne saurait tirer de ce pacte aucune exception, devînt-il plus tard héritier. Ce pacte lui profitera, au contraire, si le père, en pactisant, a indiqué son fils comme héritier futur. La même solution doit être donnée, lorsque le père pactise *ne à se et à filio petatur*, sauf qu'en ce cas, il résulte toujours du pacte au profit du père une exception *pacti*. Mais, du moins, y aura-t-il lieu d'accorder au fils devenu héritier une exception *doli ?* L'affirmative découle d'une manière évidente des derniers mots du paragraphe 2 fragment 21, *de Pactis*. Ce que Paul, dans ce dernier texte, décide pour le fils devenu héritier du père, nous le déciderons aussi pour un étranger qui, après avoir été nommé dans le pacte, recueille l'hérédité du pactisant.

(1) Fr. 21, *l. c.*

86. Passons au cas dans lequel le pacte porte sur une dette contractée per le *filiusfamilias*. Si le père, dans cette hypothèse, pactise *ne à filio petatur*, en vertu du principe « *per liberam personam, puta per patrem, adquiri non potest exceptio,* » le fils ne pourra obtenir une exception *pacti*. Le paragraphe 2, *in medio*, du fragment 21 de notre titre, nous atteste que cette même exception est refusée au père ; car la force des principes s'oppose à ce ce qu'une exception, qui ne peut être utile à celui-là même qui a été nommé dans le pacte, puisse profiter à celui qui prend sa défense. Toutefois, après avoir reconnu, avec Proculus, que le pacte fait par ceux qui ont la *potestas* sur certaines personnes, pourra leur profiter lorsqu'ils seront actionnés au nom de ces personnes, nous devrons admettre que lorsque le père aura pactisé *ne à se et à filio petatur*, il pourra opposer l'exception *pacti* à l'action dirigée contre lui *de peculio* ou *de in rem verso*. Mais le fils n'ayant pas le droit de repousser les poursuites dont il peut être l'objet, par le même moyen, Paul lui permet d'invoquer l'exception *doli*. De cette décision, nous conclurons que si le père a pactisé *ne à filio petatur*, lorsqu'il sera poursuivi par les voies prétoriennes pour la dette de son fils, il aura la ressource d'une exception de dol que l'on pourrait sans doute accorder au *filiusfamilias* lui-même, par analogie avec la décision du paragraphe 2 *in fine* du fragment 21 *de Pactis*, au Digeste.

87. Il semble que, lorsqu'il s'agit d'un fils émancipé, le pacte que le père peut faire avec son créancier *ne à filio petatur* doive nécessairement être de nul effet, puisque ce *paterfamilias* n'a à redouter aucune action et que

le *filius* qui est lui-même *sui juris* ne peut avoir la prétention d'opposer au créancier l'exception d'un pacte qui émane d'une personne *extranea* et *libera*. Cependant Cujas admet que, dans cette hypothèse, le fils pourra se prévaloir d'une exception *doli* : et à l'appui de son opinion, il cite plusieurs textes (1) desquels il résulte que, « *propter summam affectionem parentum, ne eo parentes frustrentur quod vehementer optaverunt,* » il est concédé aux enfants hors de puissance une action utile dans le cas d'une stipulation faite par le père à leur profit.

88. Examinons maintenant le cas dans lequel le pacte *de non petendo* a été fait par une personne en puissance du créancier. Ici se représente encore la distinction entre le pacte *in rem* et *in personam*. Gaius s'exprime clairement dans l'hypothèse d'un pacte *in personam* (2) : Pour l'esclave qui ne peut avoir aucun droit, la règle est sans exception, *inutile est pactum*. Pour le fils de famille, le principe est moins rigoureux : nous savons, en effet, que le *filiusfamilias* obtient, dans certains cas, le bénéfice d'une action, par exemple de l'*actio injuriarum;* or, Gaius nous apprend que, par l'effet du pacte qu'il a fait avec son créancier, le fils ne peut plus se prévaloir d'un droit auquel il a renoncé (3). Toutefois, ce même jurisconsulte prend le soin de faire remarquer que le pacte du fils ne prive pas le père de l'action qui lui appartient, *propter injuriam filio factam*. Il serait facile d'énumérer d'autres exemples (4) après celui que nous

---

(1) Fr. 25, § 2, *De verb. obl.* Fr. 9, *De pact. dot.*
(2) Fr. 28, § 2, *De pactis.*
(3) Fr. 30, *pr. De pactis.*
(4) Fr. 9 et 13, *De obl. et act.* Fr. 88, *De judici.* Fr. 17. *De reb. cred.*

avons emprunté à Gaius : nous nous contenterons de
citer avec Paul deux autres cas, dans lesquels un pareil
acte de la part d'une personne en puissance produira
son effet, parce qu'on se réfère à une époque à laquelle
la personne qui était *in potestate patriâ* auparavant, sera
devenue *sui juris.* Le premier concerne la *filiafamilias*
qui peut pactiser *ne de dote agat cum sui juris esse
cœperit* (1). De même, un fils de famille légataire sous
condition pouvait pactiser au sujet de ce qui lui était
ainsi légué, et ce pacte produisait tout son effet, si ce
filiusfamilias était *sui juris* à l'événement de la condition (2) ; car nous savons qu'en cas de legs fait à un
fils de famille, le père n'en acquérait le bénéfice qu'autant que le fils était encore sous sa puissance à l'époque
où la condition se réalisait. En matière de stipulation
conditionnelle, il en était autrement : car, en ce cas,
l'action appartenait au père de famille, alors même qu'à
l'arrivée de la condition, le lien de puissance eût disparu (3). Cette différence est encore une des nombreuses
conséquences du principe de la non-rétroactivité de la
condition en matière de legs. Quant au pacte *de non
petendo in rem,* fait par les personnes en puissance, il ne
peut jamais nuire ni au maître, ni au père de famille,
du moins en principe (4) : car Gaius nous apprend que,
dans un cas, l'exception *pacti* pouvait leur être opposée.
Cela avait lieu lorsque le fils de famille ou l'esclave pac-
tisaient *de re peculiari,* non pas *animo donandi,* mais

(1) Fr. 21, § 3, *De pactis.*
(2) *L. c.* § 4.
(3) Fr. 78, pr. *De verb. obl.* Fr. 18, *De reg. jur.*
(4) Fr. 133, *De reg. jur.*

dans l'intention d'obtenir un équivalent des droits qu'ils abandonnaient (1).

89. Julien (2) détermine avec précision le double avantage que conférait à l'usufruitier d'un esclave le pacte *de non petendo* fait par ce dernier : si l'usufruitier est débiteur, il pourra invoquer l'exception *pacti* découlant du pacte de l'esclave ; s'il est créancier, et que lui-même ait promis *ne peteret*, il pourra, si plus tard l'esclave a pactisé *ut creditor peteret*, invoquer la réplique *pacti* et demander utilement.

90. Quand l'esclave héréditaire a pactisé *in rem*, l'acte est valable et profite à l'héritier : si le pacte était *in personam*, sa validité était controversée (3). Au cas où l'esclave pactise *nominatìm hæredi futuro*, il semble que, d'après Paul (4), le pacte doive être nécessairement sans valeur : cependant, on peut soutenir avec Pacius, que Paul en concluant à la nullité du pacte est, seulement en apparence, d'accord avec les Sabiniens ; car il vise le cas où l'esclave héréditaire a pactisé nommément pour *quelqu'un* qui, plus tard, est devenu héritier. Ainsi, même d'après le jurisconsulte Paul, le pacte était valable quand l'esclave avait pactisé pour l'héritier futur en disant que c'était pour lui qu'il pactisait nommément.

(1) Fr. 28, § 2, *De pactis.*
(2) Fr. 55, *De pactis.*
(3) Fr. 28, de Gaius, § 4, *De stip. serv.*
(4) Fr. 27, § 10, *De pactis.*

§ 3.

Existence de certains rapports concernant l'obligation.

91. Nous pouvons dire, d'une manière générale, que les rapports concernant l'obligation auxquels nous faisons en ce moment allusion, sont de deux sortes : les uns existent dans les cas de corréalité, soit *stipulandi*, soit *promittendi* ; les autres dans l'hypothèse d'un engagement accessoire se présentant comme garantie de la dette principale.

92. Entrant dans le premier ordre de développements, nous devons rechercher les conséquences du pacte qui intervient lorsqu'il y a dans l'obligation soit plusieurs *correi promittendi*, soit plusieurs *correi stipulandi*.

93. Examinons d'abord si le pacte fait par l'un des débiteurs tenus *correaliter* profite aux autres. Pour cela, supposons deux *rei promittendi*, et recherchons quels seront les effets d'un pacte *de non petendo* consenti au profit de l'un d'entre eux. Si le pacte est *in personam*, il ne peut être invoqué que par celui qui l'a fait. Paul (1) est formel sur ce point : « *Personale pactum ad alium non pertinet*, » dit-il, et cela dans tous les cas, que les débiteurs soient ou non *socii*. Quant au pacte *in rem*, il profite non-seulement au pactisant, mais encore à tous ceux « *quorum obligationem dissolutam esse, ejus qui*

---

(1) Fr. 25, § 1, *De pactis.*

pasciscebatur, interfuit. » Aussi un tel pacte fait par un des *correi promittendi* pourra être invoqué par l'autre, si toutefois ils sont *socii*, ajoute Paul ; et la raison en est bien naturelle : car, si le *correus* mon associé pouvait être contraint de payer, il ne manquerait pas, en vertu de l'action *pro socio* qui lui appartient d'exercer son recours contre moi : on arriverait ainsi à réclamer indirectement de moi la dette dont un pacte *de non petendo* m'avait complètement libéré (1). En sens inverse, si les débiteurs n'étaient pas associés, le même pacte quoique conçu *generaliter* ne fournira l'exception *pacti* qu'à celui qui l'aura fait. Toutefois, n'oublions pas que, dans toutes les questions de pacte, l'intention des parties doit l'emporter, et s'il apparaît que le créancier en pactisant *de non petendo* avec l'un des débiteurs avait en vue un abandon complet de toute poursuite, le *correus promittendi* qui n'a point pactisé aura la ressource subsidiaire de l'exception *doli*. C'était là, du reste, une application des principes généraux, confirmée par une décision analogue et formelle de Paul (2), dans le cas d'un pacte fait par un fidéjusseur et qui profite indirectement, en leur procurant une exception *doli*, aux cofidéjusseurs et au débiteur principal.

94. A côté des *correi promittendi*, on rencontrait, en droit romain, les débiteurs simplement tenus *in solidum*. En principe, quand un des débiteurs solidaires paie sa part de dette au créancier, il n'est libéré *in solidum* ni d'après le droit civil, ni d'après le droit prétorien : rien

(1) Fr. 25, *pr. De pactis.*
(2) Fr. 25, § 2, § 26, *h. t.*

ne s'oppose à ce que le créancier lui demande le reste de la dette, à moins qu'il n'y ait eu entre eux un pacte *de non petendo*, pacte qui peut être tacite : il peut résulter de ce que, par exemple, le débiteur solidaire a payé sa part en déclarant qu'il payait *pro suâ personâ*. Le créancier qui accepte un tel paiement « *qui sic solventem admiserit* (1), » est censé avoir renoncé, en faveur de ce débiteur, au bénéfice de la solidarité. Mais si le créancier a reçu ce paiement partiel *invitus* ou *coactus*, on ne pourrait voir là une adhésion tacite aux offres du débiteur. Depuis le rescrit d'Adrien, les cofidéjusseurs pouvaient, quand ils étaient tous solvables, demander la division de la poursuite : on comprend dès lors très-bien que Papinien (2) ait décidé que le fidéjusseur qui avait payé une fraction de la dette ne pût éviter de payer le surplus, si son cofidéjusseur était devenu insolvable à l'époque de la *litiscontestatio*. Le créancier ayant en effet reçu forcément le paiement dans des conditions exceptionnelles, en vertu du rescrit d'Adrien, il eût été fort injuste de lui faire perdre le bénéfice résultant pour lui de la solidarité stipulée.

95. Les règles que nous venons de poser relativement aux *correi promittendi* étaient en grande partie applicables aux débiteurs solidaires : ainsi, il fallait, quant à eux, rechercher si le créancier avait voulu faire un pacte *in rem* ou *in personam* ; de même, il importait d'examiner s'il y avait, ou non, société entre les codébiteurs. Nous avons vu Papinien faire allusion à ce point dans le

(1) C. 18, au Cod. *De pactis*.
(2) Fr. 51, § 1, *De fidejus*.

4

Fragment 9, § 1 *de duob. reis*, où il est question de codépositaires. Voici seulement une différence qui se présente dans le cas où il n'y a pas société, suivant qu'il s'agit de *rei promittendi* ou de simples débiteurs solidaires (1) : lorsque le créancier a fait remise à l'un des *rei* avec la volonté de ne gratifier que lui, il peut encore poursuivre l'autre pour la totalité de l'obligation, si la remise a été consentie ou léguée à un débiteur solidaire, la cession des actions ne pouvant plus s'opérer efficacement au profit de l'autre, celui-ci va se trouver libéré jusqu'à concurrence de la part pour laquelle il aurait eu recours contre son codébiteur ; le créancier, en effet, a, dans ce cas, méconnu son obligation en consentant un pacte *de non petendo* à l'un de ses débiteurs solidaires, et on peut lui opposer justement la maxime : « *Frangenti fidem fides frangatur.* »

Nous devons cependant dire, tout de suite, que si nous supposons qu'il existe plus de deux *correi debendi*, notre solution ne sera pas la même. Dans cette dernière hypothèse, si le créancier a fait remise de la solidarité à un seul des coobligés solidaires, par ce fait seul l'obligation ne se trouvera pas divisée à l'égard de tous les autres, de sorte qu'à l'avenir ses poursuites ne puissent s'exercer contre chacun des débiteurs que pour sa part. Et deux raisons nous déterminent à accepter cette opinion qui est celle d'Alciat et de Doneau. Premièrement, un principe général veut que le pacte *de non petendo* fait avec l'un des débiteurs ne profite pas à ceux qui y sont restés étrangers (2). Et puis, les expressions de la

---

(1) Demangeat. Textes sur les Pandectes, p. 301.
(2) C. 1, *De transact.* au Code.

loi 18, *de Pactis*, au Code, dont nos adversaires ont voulu tirer un argument, ne sont pas absolues et ne peuvent, dans un langage correct, s'appliquer qu'à deux personnes.

96. Un dernier mot à propos de la solidarité. Nous venons de voir qu'en droit romain le créancier pouvait renoncer à la solidarité, bénéfice uniquement introduit dans son intérêt personnel, et qui lui permettait de demander la dette entière à un seul des codébiteurs. Par l'effet de cette renonciation, la dette se divisait entre tous les *correi promittendi*, sinon *ipso jure*, du moins *ope exceptionis pacti*. Or, nous trouvons, à propos de cette remise non de la dette, mais du caractère spécial et onéreux de l'obligation, une constitution du Code (c. 18, *de Pactis*), dont la décision acceptée et commentée par Pothier, a été reproduite dans le Code Napoléon.

97. Mettons-nous maintenant en présence de plusieurs *correi stipulandi*. La loi 27, *de Pactis*, nous apprend que le pacte *de non petendo* fait par l'un des costipulants avec le débiteur ne peut nuire à ses cocréanciers. Remarquons qu'ici la décision est générale et qu'on ne distingue nullement dans le cas où le pacte est *in rem*, si les costipulants sont ou non *socii;* cependant cette distinction paraîtrait d'abord assez logique, d'autant plus qu'il y avait eu autrefois controverse sur ce point : sans cela, le jurisconsulte Paul, dans cette loi 27, ne se serait pas tant préoccupé de motiver son opinion et de la corroborer en citant Nératius, Proculus et Atilicinus, qui décidaient comme lui. Cependant deux textes du Digeste paraissent contraires à cette décision, et c'est pour cela que leur explication devient nécessaire. Un texte de Paul (1) fait

---

(1) Fr. 34, *De rec. qui arb.*

remarquer que la clause pénale est encourue même par la demande du *reus stipulandi* qui n'a pas compromis; mais le même fragment nous apprend que cette clause pénale ne pouvait nuire qu'à celui qui avait consenti le compromis, ce qui prouve que la convention ne nuisait qu'à celui-là seul qui l'avait faite. On a aussi invoqué à tort un autre texte du même jurisconsulte (1), pour soutenir que tous les *correi stipulandi* souffraient du pacte consenti par l'un d'eux. Mais si nous observons qu'à la différence du simple pacte *de non petendo*, le serment était assimilé à un paiement réel (2), nous resterons convaincus que, bien que le serment produise un effet général vis-à-vis de tous les costipulants, lorsqu'il est fait par l'un d'entr'eux, on ne saurait néanmoins avec Vinnius (3), tirer du texte de Paul un argument d'analogie pour repousser l'opinion généralement admise du fragment 27, *de Pactis*. Serait-il raisonnable, en effet, d'admettre qu'une libéralité de la part d'un costipulant peut nuire à un tiers? Ne sait-on pas suffisamment que chacun *de suo largiri debet non de alieno?*

98. Nous avons terminé en ce moment l'examen des conséquences de l'intervention d'un pacte *de non petendo* à propos d'une obligation corréale: il nous reste encore à analyser les effets produits par ce même pacte, dans l'hypothèse où la dette principale se trouve garantie par un engagement accessoire: après avoir recherché quelle était la portée d'un pacte *de non petendo* fait par le débiteur principal, nous aurons à apprécier la portée du

(1) Fr. 28, *De jurejur.*
(2) Gaius, Fr. 23, *h. t.*
(3) Tr. *De pactis,* ch. XVI, § 9.

pacte fait par celui dont l'obligation n'existait qu'à titre de garantie.

99. Occupons-nous d'abord du pacte consenti au débiteur principal : avant tout, il faut examiner en quelle qualité était intervenu le fidéjusseur. Est-il intervenu comme mandataire ou gérant d'affaires du *reus*, le fidéjusseur aura le droit d'invoquer le pacte *in rem* consenti au débiteur principal, et cela, en vertu de la maxime de Paul déjà citée (1), qui déclare que les pactes *in rem* profitent à tous ceux qui ont intérêt à voir s'éteindre l'obligation du pactisant. Dans notre espèce, refuser au fidéjusseur le bénéfice du pacte, c'eût été, du reste, le refuser indirectement au débiteur principal; car le fidéjusseur contraint au paiement avait son recours contre le *reus*, par l'action *mandati contraria*. Le fidéjusseur ne pouvait, au contraire, se prévaloir du pacte *in personam* consenti au débiteur principal, malgré l'avantage que celui-ci y aurait trouvé (2). Mais alors, quelle était pour le pactisant l'utilité d'une semblable convention? Avant la Novelle 4, relative au bénéfice de discussion, un pareil pacte n'était utile que dans une hypothèse : celle de l'insolvabilité du fidéjusseur qui, n'ayant rien déboursé, n'avait aucun recours à exercer contre le *reus*. Mais, depuis la promulgation de la Novelle 4, l'intérêt du pacte *in personam* consenti au débiteur principal se comprenait dans un plus grand nombre de cas. Car, si le créancier poursuivait le fidéjusseur, ce dernier, au moyen de l'exception de discussion, le repoussait et le

(1) Fr. 21, § 5, *De pactis.*
(2) Fr. 22, *h. t.*

forçait de s'adresser au débiteur principal qui, à son tour, lui opposait le pacte *de non petendo*.

100. Le fidéjusseur est-il intervenu *animo donandi*, le pacte fait avec le *reus* ne saurait jamais lui profiter (1), sans que l'on ait à rechercher la nature du pacte ; sauf toutefois le cas où il apparaîtrait clairement que l'intention du *reus* au moment où il pactisait *de non petendo* était de favoriser le fidéjusseur : nous pensons, en effet, que l'on pourrait alors, par analogie avec la décision des fragments 25, § 2 et 26, *de Pactis*, accorder à ce dernier le bénéfice de l'exception *doli*.

101. Lorsque le creancier promettait au *reus* de ne point agir pendant un certain temps, cette convention profitait à l'obligé accessoire comme à l'obligé principal : mais à l'expiration de ce délai, le *reus* et le fidéjusseur perdaient le bénéfice de l'exception : il en était de même pour toute autre garantie de l'engagement (2).

102. Si le *reus* avait pactisé *ne à fidejussore peteretur*, le fidéjusseur pouvait-il invoquer l'exception *pacti?* En nous rapportant à l'opinion de quelques jurisconsultes qui pensaient qu'un tel pacte ne pouvait, malgré l'intérêt évident du *reus*, tourner au bénéfice du fidéjusseur, en vertu du principe que nul ne peut pactiser pour autrui, Paul (3) nous apprend qu'il était d'un avis contraire ; et il nous expose le motif qui le décide : dans une pareille convention on doit, dit-il, considérer l'intention évidente du pactisant de veiller à ses intérêts. Ainsi, le fidéjus-

---

(1) Fr. 32, *De pactis.*
(2) Fr. 27, *De pactis.* Fr. 5, § 1, *Quib. mod. pig. vel hyp.*
(3) Fr. 27, § 1, *De pactis.*

seur devait profiter du bénéfice de l'exception *pacti*, et cela *propter reum principalem*, « *non quod per eum sit quæsita exceptio fidejussori, quod fieri non potest, sed quia eo genere pacti, licet in eo non comprehendatur, persona rei principalis, id tamen agitur principaliter tacito intellectu ut consulatur reo principali.* » Telle est, si clairement paraphrasée par Cujas, l'idée du savant jurisconsulte romain.

103. Quand un pacte *de non petendo* avait été consenti au débiteur, l'obligation n'était pas en général éteinte *ipso jure*, et ce pacte procurait seulement à ce dernier le bénéfice d'une exception : or, un second pacte conçu en sens contraire, *ut peteret*, pouvait paralyser l'effet du premier en attribuant une réplique au créancier : dans une pareille hypothèse, le fidéjusseur perdra-t-il par la seconde convention l'avantage qui résultait pour lui de la première ? Le fragment 62, *de pactis*, répond négativement, tandis qu'un texte de Paul (1) établit formellement que le bénéfice du premier pacte était enlevé au fidéjusseur par le second : « *Eâdem ratione contingit ne prius pactum fidejussoribus prosit.* »

104. On a essayé en vain de concilier (2) ces deux textes : l'antinomie est évidente à nos yeux, d'autant plus que les expressions *quæsitum est*, de la loi 62, viennent encore nous confirmer davantage dans notre opinion, en nous déterminant à croire que cette antinomie n'est que la conséquence de deux doctrines opposées, également

---

(1) Fr. 27, § 2, *De pactis*.
(2) Poth. Tr. des obl.

admises par les juriscousultes romains. Aussi, ne ferons-
nous qu'indiquer brièvement les trois systèmes proposés
pour la conciliation de nos textes : Cujas a prétendu que
la pensée de Paul était celle-ci : Le pacte *ne à se petatur*
fait par un fidéjusseur ne lui profitera plus, s'il pactise
ensuite *à se petatur* ; observons avec Pothier (1), qu'il
s'agit spécialement ici des conséquences vis-à-vis du
fidéjusseur d'un second acte fait, non par ce dernier,
mais par le principal obligé. D'autres (2) prétendent
que la solution de Paul reçoit son application au cas où
le fidéjusseur a donné son consentement au second
pacte. Enfin, dans une troisième explication, c'est le
système imaginé par les glossateurs ; on a conclu des
mots *ipso invito*, renfermés dans la loi 62, que la décision de Furius Anthianus qui déclare que le fidéjusseur
n'était pas déchu de son droit, ne recevait d'application
que lorsqu'il avait accepté ou ratifié la seconde convention : l'exception lui étant acquise par un acte de sa
volonté, on ne pouvait la lui ôter sans son consentement.
Le moindre défaut de toutes les interprétations, comme
on le voit aisément, est de torturer les textes pour tâcher
d'en extraire toute autre chose que ce qu'ils expriment.

105. Au lieu d'être garanti par un fidéjusseur, le
créancier pouvait l'être par un *mandator pecuniæ cre-*
dendæ. Quelle sera à l'égard de ce dernier la conséquence d'un pacte *de non petendo* consenti au débiteur
principal? Un principe spécial aux *mandatores pecuniæ*
credendæ servira de fondement à notre solution : en

(1) Pand. t. II, p. 699.
(2) Fr. 62, *De pactis.*

vertu de ce principe, les *mandatores* avaient le droit de repousser l'action du créancier, quand, par sa faute, il ne pouvait leur céder utilement son action contre le débiteur principal, ce qui avait lieu au cas où ce créancier avait pactisé *de non petendo* (1). Sans distinguer si le pacte est *in rem* ou *in personam*, nous dirons que ce pacte devra toujours profiter au *mandator* : « *Si creditor à debitore culpâ suâ causâ ceciderit prope est ut actione mandati nihil à mandatore consequi debeat, cum ipsius vitio acciderit mandatori possit actionibus cedere.* » Cependant Paul (2), dans le cas où le créancier a pactisé *de non petendo* avec l'un des *correi promittendi*, suppose que le *mandator* a payé, et il l'admet à recourir par l'action *mandati contraria*, même contre le débiteur qui a fait le pacte. Pour concilier ce fragment avec le principe que nous venons d'énoncer, nous dirons que, dans l'espèce posée par Paul, le *mandator* a payé dans l'ignorance du pacte. Mais on ne manquera pas de nous opposer cette objection : pourquoi ne pas accorder au *mandator* contre le créancier la *condictio indebiti*, au lieu de l'action du mandat? Nous répondrons qu'au cas d'insolvabilité du créancier il pourra être fort utile au *mandator* de recourir contre le débiteur lui-même. Du reste, nous ajouterons que l'impossibilité d'agir par *condictio*, dans l'espèce de notre fragment 71, § 1, ne devrait pas nous surprendre, puisqu'il y est question d'un pacte *in personam* ne produisant qu'une exception temporaire et que seule, *exceptio perpetua parit condictionem* (3).

(1) Fr. 95, § 11, *De solut.*
(2) Fr. 71, § 1, *De fidejuss.*
(3) Fr. 26, § 37, *De cond. ind.*

Il ne nous reste plus actuellement qu'à étudier l'effet du pacte fait par un fidéjusseur. Il est clair qu'un tel pacte, même *in rem*, ne peut profiter au débiteur principal, car le pactisant n'a aucun intérêt à ce qu'il en soit autrement (1). Bien plus, Paul nous apprend que, toujours à raison de l'absence d'intérêt pécuniaire chez le pactisant, son pacte ne peut être invoqué par des fidéjusseurs. Si, en effet, le cofidéjusseur contre lequel le créancier exerce ses poursuites, invoque le rescrit d'Adrien et ne paie qu'une partie de la dette, celui qui a pactisé n'a à redouter aucun recours de sa part, à moins, dit Modestin, qu'il n'y ait eu cession d'action, *nisi cessæ sint actiones*. Ce cas est bien différent de celui du *mandator pecuniæ credendæ*, à l'égard duquel le créancier était obligé de conserver ses actions intactes, pour les lui céder au besoin : en effet, dans notre hypothèse, le pactisant pourra opposer l'exception *pacti* aussi bien au cessionnaire qu'au cédant, et le cofidéjusseur ne serait pas admis à se prévaloir de la convention précédemment faite pour refuser d'acquitter l'obligation en entier, car le créancier n'est tenu à son égard que de lui céder ses actions, telles qu'elles existent au moment de la poursuite.

107. S'il a été tacitement ou expressément convenu entre le créancier et le fidéjusseur que ce pacte profiterait au débiteur principal ou aux cofidéjusseurs, un motif d'équité devra faire accorder à ces derniers l'exception *doli* (2).

(1) Fr. 23, *De pactis*.
(2) Fr. 25, § 2, Fr. 26, *De pactis*.

108. Remarquons avec Paul (1), en terminant ce paragraphe, que les principes que nous venons de poser ne s'appliquent pas au fidéjusseur, engagé *in rem suam*, auquel cas, comme dit Cujas, « *hic reus potius est quam fidejussor et is pro quo fidem interposuit fidejussor verius quam reus.* »

§ 4.

Existence de rapports entre créanciers de la même succession.

109. Un principe général basé sur des considérations tirées de la plus stricte justice, s'opposait à ce que la décision de la majorité des créanciers pût imposer une loi à la minorité : *Quisque rei suæ, nullus verò alienæ moderator ac arbiter creditur : de suo quidem et non alterius juri renuntiare potest et de suo non alieno liberalis esse.* » (Commentaire de Voët). Cependant, en trois cas, on dérogea à une règle si équitable. Le premier, que Théophile nous indique dans sa paraphase des Institutes, est celui où les créanciers poursuivaient la vente en masse des biens du débiteur vivant *indefensus vel latitans* ou défunt sans héritiers. « *Olìm,* dit Cujas, *bonis debitoris vendundis magistro constituto, ad emptores provocandos proscribebant creditores certâ se crediti parte paratos decidere.* » Le second cas se présentait, lorsque

les créanciers étaient divisés sur le point de savoir s'il y avait lieu d'octroyer au débiteur un délai de cinq ans ou d'accepter la cession de ses biens (1).

110. Enfin, le troisième cas dont nous devons nous occuper spécialement, se présentait lorsqu'une personne, en mourant, laissait une succession suspecte. Dans ce cas, on admettait que l'héritier futur pourrait pactiser avec les créanciers qu'il ne paierait pas l'intégralité des dettes. Ce pacte valait à l'égard de tous les créanciers, sans l'assentiment de tous (2). Une double considération servait de fondement à cette dérogation au droit commun. D'abord l'intérêt du défunt et de son héritier la rendait nécessaire : on sait assez combien il était humiliant chez les Romains de rester sans héritier; aussi lisons-nous dans Noodt : « *Subtilitati edicti prœlata est ratio adjuvandi hœredem conservandœ famœ defuncti gratiâ paratum, suspectam hœreditatem adire, eâ conditione ut creditoribus duntaxat partem prœstet.* » D'autre part, l'intérêt même des créanciers commandait l'exception ; car, sans elle, il aurait pu dépendre du petit nombre, aveuglé par l'avarice ou l'ignorance, de porter un grave préjudice à la masse des créanciers, en écartant les ayants-droit de l'acceptation de l'hérédité. Selon Voët, on ne devait même pas, en présence de l'immense utilité de cette exception aux principes généraux, s'arrêter à l'idée qu'il pourrait y avoir un accord frauduleux entre l'héritier et le créancier; d'abord *quia nemo prœsumendus est suum jactare,* et ensuite *non facilè credendum est majo-*

---

(1) C. 8, *Qui bon. ced. pos.* au Code.
(2) Ulp. Fr. 7, § 17, *De pactis,* au Dig.

*rem partem sinè suo commodo in pauciorum necem collu-
suram.* (Commentaire de Voët).

111. Dans tous les cas, quelle que fût la classe à
laquelle appartenait l'héritier, il y avait toujours lieu à
une remise partielle, qui était bien faite pour le déterminer soit à aller à l'hérédité, soit à ne pas s'en éloigner.
Nous savons, en effet, que l'héritier externe pouvait ne
pas faire adition, l'héritier sien avait le bénéfice d'abs-
tention, l'héritier nécessaire jouissait du bénéfice de
séparation.

112. Le pacte *de non petendo*, fait avec la majorité
des créanciers par l'héritier institué sous condition, est
valable, parce que la faculté qu'il avait de demander la
bonorum possessio secundùm tabulas conférait de l'utilité
à son acte. La solution était-elle la même quand cette
convention était faite par un esclave institué sous condition et affranchi purement et simplement? On sait que
l'une et l'autre condition *cœ conditione pendebat* (1) :
aussi, Ulpien (2) nous apprend les divergences qui
existaient sur ce point entre les jurisconsultes. Vindius
et Marcellus s'appuyant sur le principe *si quis servus in
servitute egit, ei post libertatem non profecit*, décidaient
que le pacte conclu dans de pareilles conditions ne pouvait avoir d'effet. Toutefois, Marcellus était d'avis qu'en
ce cas, l'esclave pouvait, devenu héritier, opposer une
exception *doli* aux créanciers qui agiraient contre lui
pour se faire payer le montant intégral de leurs créances.
Ce jurisconsulte raisonnait par analogie avec ce que l'on

(1) Fr. 21, § 1, Fr. 22, *De hær. inst.*
(2) Fr. 7, § 18, *De pactis.*

avait décidé en deux cas, quant au *filiusfamilias*. On accordait, en effet, à ce dernier l'exception de dol lorsque, institué héritier, il pactisait étant *in familiâ*, et ne faisait addition qu'après avoir été émancipé. On lui accordait encore la même exception quand, *vivo patre*, il faisait avec les créanciers de ce dernier un pacte *de non petendo*. Et en vain objecterait-on qu'un pareil pacte est défendu comme renfermant *votum mortis* (1). Nous répondrions avec Cujas, que sans doute il y a nullité lorsque celui qui pactise *largitur de bonis viventis* ; mais ici ce danger existe-t-il ? Non, évidemment, car le fils de famille *exonerat bona viventis*.

113. Quand l'héritier fait addition ou s'immisce, sur le mandat des créanciers, il a contre eux, en cas de dommage, l'action *mandati* (2). Quand son addition ou son immixtion a eu lieu par le dol de ses créanciers, l'héritier possède contre eux, suivant les cas, l'action *de dolo* ou l'exception *doli* (3).

Le pacte *de non petendo* pourra-t-il être invoqué contre un tuteur créancier du père de son pupille, quand ce tuteur, *nomine pupilli*, aura pactisé de la sorte avec les autres créanciers ? Scœvola (4) répond affirmativement à cette question.

114. Dès l'origine du droit romain, aussitôt que l'héritier avait réuni l'assentiment de tous ses créanciers déclarant *quotâ parte debiti contenti sint*, cette convention eut pour effet de limiter les droits des créanciers : dans

(1) Fr. 29, § 2. *De don.*
(2) Fr. 32, *Mand. vel cont.*
(3) Fr. 40, *De dol. mal*, Fr. 4, pr. *De dol. mal. et met. exc.*
(4) Fr. 44, *De pactis.*

le cas de désaccord entre ces derniers (1), on avait recours à l'autorité du préteur pour régler leur différend. Par la suite, un décret de Marc-Aurèle déclara que la minorité des créanciers devrait à l'avenir subir la remise qui aurait été consentie par la majorité. Comment, d'après ce décret, s'établissait *majoris partis voluntas?* Papinien (2) nous l'apprend : on s'attachait tout d'abord à la considération de l'intérêt et l'on établissait la majorité *pro modo debiti* ; si l'intérêt était égal des deux côtés, alors on se décidait d'après le nombre des créanciers ; toutes choses étant encore égales, on faisait prévaloir la classe des créanciers *dignitate inter cæteros præcellentes ;* enfin, quand l'égalité subsistait encore à ces divers points de vue, le préteur se déclarait pour l'avis le plus favorable à l'héritier. Cujas a résumé la marche que nous venons d'analyser dans cette maxime : *Vincit quantitas non numerus, numerus non dignitas, dignitas non humanior sententia.*

115. Paul nous apprend (3) qu'au point de vue du calcul de la dette, on doit tenir compte non seulement du capital, mais encore des intérêts.

116. S'il y a plusieurs *correi stipulandi*, ils seront comptés pour un seul créancier, car toutes leurs créances n'en forment qu'une. De même, plusieurs tuteurs du même pupille créancier ne compteront que pour une seule personne. Enfin, comme il est difficile d'admettre que la même personne puisse remplir un double rôle, *vicem duorum sustinere*, nous concluons que lorsqu'un

---

(1) Fr. 7, § 19, *De pactis.*
(2) Fr. 8, *De pactis.*
(3) Fr. 9, *De pactis.*

tuteur poursuivra la même dette au nom de plusieurs pupilles, il sera compté pour une seule personne.

117. Nous devons faire ici une remarque importante : le tuteur qui, en principe, ne pouvait pactiser *de non petendo, donandi causâ,* pour son pupille, avait, dans notre hypothèse, le droit d'abandonner une partie de la créance de ce dernier, parce que cette remise n'était pas inspirée par une pensée de libéralité, mais commandée plutôt par la nécessité.

118. Recherchons enfin à quelles personnes pouvait être opposé le pacte spécial dont nous connaissons le but et la formation. Il est évident qu'il nuit aux créanciers présents. Nuit-il aux créanciers absents? En l'absence de textes, nous ne pouvons établir, à leur égard, la nécessité de la citation qui était prescrite dans certaines hypothèses (1). Sont-ils donc censés adhérer à la décision des autres? Ulpien (2) pense que le pacte est opposable aux créanciers ordinaires, quoique absents. Au contraire, selon lui, il ne l'est point à ceux qui possèdent une hypothèque. Quant aux créanciers *privilegiarii,* c'est-à-dire *qui personale privilegium inter creditos chirographarios habent* dont nous trouvons des exemples dans plusieurs fragments (3), ils devaient, d'après Ulpien, suivre le sort des créanciers présents et ordinaires. Paul paraît contraire à cette doctrine (4) : il déclare, en effet, qu'il serait injuste d'enlever à un

(1) Fr. 39, *De adop.* Fr 29, *§ ult. De minor.*
(2) Fr. 10, *pr. De pactis.*
(3) Fr. 74, *De jur. dot.* Fr. 6, *De jur. fisc.* F. F. 26, 34, 38, § 1, *De reb. auc. jud.*
(4) Fr. 27 et 28, *De leg.*

créancier absent son gage ou son privilége, en se fondant sur une convention *de non petendo*, œuvre de la
majorité des créanciers. Vinnius a cru trouver une conciliation entre les textes de Paul et d'Ulpien, en établissant qu'aux yeux des deux jurisconsultes, la créance
devait toujours être réduite : seulement, dit Vinnius,
Ulpien précise, ce que Paul a négligé de faire, que pour
être réduite, la créance privilégiée n'en sera pas moins
garantie par le privilége. Cujas croit au contraire à une
controverse entre ces deux auteurs, et nous nous rallions
à son opinion ; voici pourquoi : le dissentiment que constate Cujas ne doit nullement étonner, si l'on songe que
la conviction d'Ulpien s'appuie sur un rescrit d'Antonin
le Pieux, prédécesseur de Marc-Aurèle, tandis que Paul
fonde la sienne sur les principes généraux du droit
romain en cette matière, soit qu'il regardât comme abrogé
le rescrit en question, soit qu'il n'en eût pas connaissance.

119. Le pacte *de parte debiti non petendâ* profitait-il
aux *mandatores pecuniæ credendæ* et aux *fidejussores ?*
Paul (1) développe cette idée en établissant une distinction. Si le *creditor præsens* a consenti le pacte sans faire
aucune réserve, la caution et le *mandator* pourront
invoquer l'exception. Si le *creditor* était absent, il serait
contraire à l'équité de le priver du choix qu'il aurait pu
faire en optant pour la remise partielle de la dette ou en
se réservant ses droits contre le garant du défunt : le
pacte ne lui nuira donc pas, en ce sens qu'il converve le
droit d'agir contre celui des obligés qu'il lui plaît de
choisir et d'agir pour le tout, sans craindre d'exception.

(1) Fr. 58, § 1, *Mand. vel cont.*

5

Et nous ne devons pas nous arrêter à cette objection, que ce serait mal servir les intérêts de l'héritier que de refuser l'exception au fidéjusseur ; car si ce dernier qui a payé l'intégralité de la dette peut recourir par l'action *mandati* contre l'héritier, il ne peut l'exercer contre cet héritier que pour partie, comme tout autre créancier.

120. Remarquons, en terminant, que le créancier qui recevait de l'héritier le paiement du dividende convenu, était censé adhérer au pacte fait en son absence, et ne pouvait plus en conséquence agir pour la totalité de sa créance contre le débiteur accessoire : car, nous savons que le pacte *de non petendo* intervenu entre le créancier et le débiteur principal profite au fidéjusseur.

SECTION III.

COMPARAISON ENTRE L'ACCEPTILATION ET LE PACTE *de non petendo.*

121. Nous avons eu déjà l'occasion de le constater : un caractère parfaitement tranché distinguait l'un de l'autre chacun de ces modes de libération : de là, les deux ordres de dispositions différentes qui les régissaient : les unes, empruntées au droit civil, réglaient l'acceptilation ; les autres, dont la source se retrouve dans le droit prétorien, gouvernaient le pacte *de non petendo.*

122. L'engagement que reconnaissait le *jus civile* pouvait être détruit, nous le savons, d'une manière consacrée par le même droit, et l'emploi d'un tel mode avait

pour résultat l'anéantissement de l'obligation jusqu'à sa racine : *ipso jure tollitur obligatio*. Telle était la force de l'acceptilation. Le pacte, au contraire, restait, en général, impuissant contre l'obligation civile (1). Seulement, à côté de celle-ci, il constituait un fait, une convention dont le préteur tenait compte : n'osant pas aller jusqu'à l'anéantissement du lien de droit, il le rendait inefficace en accordant au débiteur une exception pour repousser la demande du créancier : on disait que l'obligation était éteinte *exceptionis ope*. Tel était l'effet du pacte *de non petendo*. « *In stipulationibus*, disait le jurisconsulte Paul (2), *jus continetur, in pactis factum versatur.* »

123. Cette différence entre les différents modes d'extinction des obligations avait surtout une haute importance à l'époque où la procédure était régie par le système formulaire, dont le trait caractéristique était, comme on le sait, la division de l'instance en deux parties : l'une devant le magistrat *in jure*, l'autre devant le *judex*. Quand la dette était éteinte *ipso jure*, par exemple par l'acceptilation, le débiteur pour se défendre n'avait qu'à contredire directement la demande, en démontrant que la créance n'existait plus. Au contraire, s'il y avait eu libération de la dette par un mode d'extinction *exceptionis ope*, par exemple au moyen d'un pacte *de non petendo*, le débiteur qui voulait repousser efficacement la demande du créancier au moyen de l'*exceptio pacti*, devait avoir soin de réclamer du préteur l'insertion de cette *exceptio* dans la formule que ce dernier lui délivrait. Par ce moyen, les pouvoirs du *judex*

(1) Voir plus haut, nos 62 et 63.
(2) Fr. 27, § 2, *De pactis.*

devant lequel le magistrat renvoyait les parties se trou-
vaient plus étendus, et, le terrain du débat ainsi élargi,
l'appréciation, *in judicio*, de la valeur du pacte devenait
possible. L'omission de cette exception dans la formule
avait pour conséquence inévitable la condamnation du
défendeur, du moins dans les actions *stricti juris* : car,
dans les actions *bonæ fidei*, nous ne rencontrons plus la
même exigence, puisque, suivant les expressions de
Paul, « *in bonæ fidei judicio exceptiones pacti insunt.* »

124. Plus tard, après la disparition de l'*ordo judicio-
rum*, les pouvoirs séparés à l'origine furent réunis dans
les mêmes mains : il importait cependant encore, quoique à un moindre degré, de distinguer entre nos deux
modes de libération.

125. Une fois détruite, *ipso jure*, par l'acceptilation (1), l'obligation ne pouvait plus revivre : tout ce
que pouvaient faire les parties, c'était de créer une
seconde obligation semblable à la première. Quand, au
contraire, il n'était intervenu qu'un pacte *de non petendo*,
l'obligation paralysée seulement par une exception n'en
subsistait pas moins, d'après le droit civil, et il était
facile de restituer au lien juridique toute son ancienne
force, en effaçant la puissance de l'*exceptio pacti* à l'aide
d'un autre pacte *de petendo*, qui conférait au créancier
le droit de réplique. L'utilité de ce second pacte était

---

(1) Dans plusieurs cas, dans lesquels il s'agissait d'obligations non formées
verbis, l'acceptilation, nulle en tant qu'acceptilation, n'opérait pas son effet *ipso
jure*, mais elle produisait le résultat d'un pacte *de non petendo*. (Voir *suprà*,
n° 65 ; *infrà*, n° 151 ; Conf. Fr. 17, § 2, *De pactis.* Fr. 5, *In pr. de resc. vend.*
Fr. 19, *De accept.*, etc.) Ulpien nous dit dans ce dernier texte : « *Si accepto
fuerit latum ei qui non verbis, sed re obligatus est, non liberatur quidem, sed
exceptione pacti conventi tueri potest.* »

surtout frappante dans le cas où l'on n'aurait pas pu
trouver dans la création d'une seconde obligation les
avantages et les garanties dont le contrat primitif était
entouré.

Il est bon de remarquer que le créancier n'avait nul
besoin de recourir à la ressource de la réplique, lorsque
le débiteur lui opposait l'exception *doli* d'une manière
générale, et la raison en est facile à saisir : il est de
principe que celui qui résistait à une prétention avait le
droit de prouver ce qui constituait une négation directe
de cette prétention. L'insertion d'une exception dans la
formule n'était nécessaire qu'autant que l'on voulait
transformer le débat et établir une allégation nouvelle et
étrangère.

126. L'obligation éteinte, *ipso jure*, par l'acceptilation
ne pouvait plus servir de base à un cautionnement ou à
tout autre engagement accessoire : elle ne pouvait non
plus être l'objet d'une novation ; il en était autrement
lorsque l'obligation était détruite par un pacte *de non
petendo*, c'est-à-dire *exceptionis ope*, puisque l'engagement subsistait encore aux yeux du droit civil : il pouvait donc y avoir lieu, dans ce cas, soit à un cautionnement, soit à une novation.

127. Ces deux différences entre nos deux modes de
libération sont les plus notables, mais non les seules.
Tandis que le pacte *de non petendo* était soumis à des
formes très-souples et propres à se plier aux moindres
caprices de la volonté des parties, l'acceptilation était
assujettie à des règles strictes et rigoureuses. Ainsi,
par exemple, tandis que l'acceptilation ne pouvait être
modifiée ni par un terme ni par une condition apposés

d'une manière expresse, le pacte *de non petendo* admettait l'une et l'autre de ces modalités.

C'était un principe commun à nos deux opérations que les intéressés devaient y participer directement et par eux-mêmes : en droit prétorien comme en droit civil, nul ne pouvait acquérir pour autrui ou le grever d'une charge; mais nous avons eu souvent l'occasion de constater à l'aide de quels moyens on parvenait à faire fléchir la rigueur des principes, et combien le préteur en accordant l'exception *doli* se montrait facile à protéger des intérêts fondés sur l'équité.

128. L'assimilation qu'Ulpien (1) établit entre le paiement et l'acceptilation, nous donne la raison de quelques conséquences propres à ce dernier mode de libération. Ainsi, quand l'un des *correi stipulandi* faisait une acceptilation au débiteur, il anéantissait complètement l'obligation. Fait dans de pareilles circonstances, le pacte *de non petendo* profitait au débiteur pour la part du *correus stipulandi* qui pactisait avec lui, mais il laissait intact le droit des autres *correi*, fussent-ils tous *socii*.

129. L'acceptilation faite à l'un des *correi debendi* les libérait tous, qu'ils fussent ou non *socii*. Seul, le pacte *de non petendo* IN REM fait à un *correus promittendi* profitait aux autres *correi* : encore fallait-il qu'il y eût *societas* entre ces débiteurs.

130. Quand le fidéjusseur pactisait *de non petendo*, ni le débiteur principal, ni les cofidéjusseurs n'avaient le droit de se prévaloir du pacte pour repousser l'action du

(1) Fr. 5, *De accept.*

créancier (1). Comme le fidéjusseur auquel le créancier faisait acceptilation était censé avoir payé, le débiteur principal et les cofidéjusseurs étaient affranchis de l'obligation (2).

131. La portée naturelle de l'un et de l'autre mode d'extinction était bien différente. Seules, à l'origine, les obligations créées *verbis* pouvaient être dissoutes par acceptilation, tandis que la convention *de non petendo* paralysait toute action, quelle que fût son origine. Mais l'invention de la stipulation aquilienne produisit entre ces deux genres de libération une analogie parfaite.

132. Il existait encore d'autres points de ressemblance entre le pacte *de non petendo* et l'acceptilation : ainsi, dans le cas où l'on avait mentionné une somme supérieure à celle qui était réellement due, la libération se limitait toujours au montant de la dette, que l'on eût employé l'un ou l'autre de ces deux modes d'extinction des obligations (3).

133. S'il s'agissait d'une dette alternative et que, soit dans l'acceptilation, soit dans le pacte, on n'eût indiqué que l'un des deux objets, Paul (4) décide que les deux opérations produisent le même effet; dans les deux cas, selon lui, la dette est éteinte. Ulpien (5) semble émettre, dans un fragment du Digeste, une opinion contraire à celle de Paul : il n'en est rien cependant, car l'hypothèse d'Ulpien n'est pas la même que celle de Paul. Le pre-

---

(1) Fr. 23, *De pactis.*
(2) Fr. 13, § 7, *De accept.*
(3) Fr. 15, *De accept.* Fr. 27, § 5, *De pactis.*
(4) Fr. 27, § 6, *De pactis.*
(5) Fr. 13, § 6, *De accept.*

mier de ces jurisconsultes suppose une dette alternative et conditionnelle en même temps : si dès lors, *pendente conditione*, l'objet indiqué dans l'acceptilation vient à périr, à l'événement de la condition, il n'y a plus qu'une dette de corps certaine, et son extinction, on le comprend facilement si l'on se rappelle les principes énoncés plus haut, ne peut résulter de l'acceptilation d'une chose autre que la chose due (1).

CHAPITRE II.

DE LA REMISE DE LA DETTE CONSIDÉRÉE COMME MODE D'EXÉCUTION D'UNE LIBÉRALITÉ.

134. L'acceptilation et le pacte *de non petendo* renfermaient le plus souvent une libéralité, et à ce point de vue, ces actes étaient soumis au droit commun qui régissait, dans la législation romaine, les donations entre-vifs et les libéralités testamentaires. Il est donc intéressant d'étudier quelle était l'influence exercée sur les effets de ces actes, soit par les dispositions qui établirent la nécessité d'observer à l'égard des donations certaines formalités, soit par les restrictions que plusieurs lois importantes vinrent imposer à la liberté de disposer gratuitement entre-vifs ou par testament, soit enfin par l'exercice, de la part des créanciers, de l'action Paulienne. Aussi avons-nous consacré à cette étude un chapitre spécial

(1) Poth. *Pand.* t. XIX, p. 305 ; t. II, p. 665.

qui se trouve tout naturellement divisé en deux parties.
Dans la première, il sera question des cas dans lesquels
l'acceptilation ou le pacte *de non petendo* renferment une
donation : l'étude de l'hypothèse dans laquelle ces actes
servent à l'exécution d'un legs fera l'objet d'un second
paragraphe.

§ 1er.

Du cas où l'acceptilation et le pacte DE NON PETENDO
renferment une donation.

135. Suivant la doctrine romaine, il y avait donation
toutes les fois que l'acte entre-vifs fait dans une pensée
de libéralité, *cum animo donandi,* enrichissait une des
parties aux dépens de l'autre. Ces conditions pouvaient
se trouver réunies dans une acceptilation : « *Stipulatio
donationis causâ acceptolata, dicendum est locum liberationem habere* (1).» Elles pouvaient aussi exister dans un
pacte *de non petendo* : « *Qui verò paciscitur donationis
causâ rem certam et indubitatam liberalitate remittit* (2).
Le montant de la donation se trouvait alors égal à celui
de la dette, même si le débiteur était insolvable (3) : car
la valeur des biens pouvant être positive ou négative, la
diminution du *minus* était, en droit, un changement
identique à l'augmentation du *plus,* pour une valeur

_____

(1) Ulp. Fr. 17, *De don.*
(2) Ulp. Fr. 1, *de trans.*
(3) Fr. 31, § 1, 4, *de don. mort. caus.*

positive. Nous devons cependant remarquer, à propos de l'acceptilation, que la règle de Paul, « *Si quis obligatione liberatus sit potest videri cepisse* (1), » n'est pas toujours exacte, car, parfois, le débiteur n'était pas enrichi par une acceptilation ; cela arrivait, par exemple, dans le cas où la demande du créancier aurait pu être paralysée par une exception. Comme il n'y avait, en ce cas, qu'extinction d'une dette apparente, on ne pouvait en aucune façon trouver les éléments d'une donation dans l'acceptilation que le créancier faisait de cette dette à son débiteur (2).

136. A l'époque où les donations furent soumises à des formalités indispensables, il est hors de doute que ces formalités s'appliquaient aux donations résultant soit d'une acceptilation, soit d'un pacte *ne petatur*. Il est aussi évident que, sous Justinien, la règle de l'insinuation au cas où la donation était supérieure à 500 solides, s'appliquait également à ces sortes de donations.

137. Comme les autres libéralités, la donation renfermée dans l'un ou l'autre de ces deux modes de libération ne devait pas excéder un certain taux fixé par la loi Cincia, mais qui n'était pas imposé à toute personne, car Paul nous donne (3) une longue énumération des *personæ exceptæ* auxquelles ne s'appliquait pas cette restriction dans la liberté de disposer. Du reste, par cela seul qu'elle excédait le taux fixé, la donation n'était pas nulle de plein droit. C'était là, Ulpien nous le dit lui-

---

(1) Fr. 115, *pr. de reg. jur.*
(2) Fr. 3, *de cond. sinè caus.*
(3) Fragm. Vat. § 298, etc.

même (1), une loi privée de sanction, « *Minùs quam perfecta quæ vetat aliquid fieri et si factum sit, non rescindit.* » Aussi, les jurisconsultes avaient-ils imaginé divers moyens pour faire valoir les dispositions de cette loi Cincia ; voici le système qu'ils avaient inventé afin d'arriver à la réduction d'une donation excessive renfermée dans un pacte *de non petendo* : le donateur pouvait agir, et si le *reus* lui opposait l'exception *pacti*, il avait la faculté de la paralyser au moyen de la *replicatio legis Cinciæ* (2). Quand la donation excessive était renfermée dans une acceptilation, les textes ne mentionnent pas par quel moyen on pouvait arriver à l'application de notre loi. L'acte restant valable, on peut dire que tout était consommé : *tota solvitur obligatio.* Constatons cependant que lorsque, sous Justinien, la formalité de l'insinuation fut devenue indispensable pour les donations excédant 500 solides, on arrivait, dans un cas, à une application indirecte de la loi Cincia. Ce cas se présentait lorsqu'on négligeait d'insinuer la donation excessive renfermée dans une acceptilation : l'acte non insinué était radicalement nul et considéré comme non avenu, et la donation qu'il renfermait ne demeurait valable qu'à concurrence de la somme de 500 solides (3).

138. Sous l'empire de considérations diverses et à une époque qu'il est difficile de préciser, l'usage défendit aux époux de se faire des donations *inter vivos*, et sauf certains cas d'exception, la sanction de cette prohibition consistait dans la nullité absolue de tout ce qui avait été

(1) Fr. 1. §§ 1 et 2.
(2) Pap. Fr. 1, § 1, *Quid mod. pig. vel hyp.*
(3) C. 36, § 3, Cod. *de don.* Inst. liv. II, t. 7, § 2.

fait contrairement à cette règle (1). L'époux créancier qui avait fait acceptilation à l'époux débiteur conserve intact le droit de le poursuivre. Quand, au contraire, un pacte *de non petendo* était intervenu entre les époux unis par un engagement pécuniaire, l'action du créancier restait intacte et l'exception *pacti* ne pouvait être opposée avec succès par l'époux débiteur ; car, « *quotiens pactum à jure communi remotum est servari hoc non oportet* (2). Que faudrait-il décider dans le cas où l'époux créancier aurait plusieurs *correi promittendi* parmi lesquels se trouverait son conjoint ? Ulpien (3) a établi le principe qui doit déterminer la solution de cette question. « *Generaliter tenendum est quod si aliarum extrinsecus rerum personarumve causa commixta sit, si separari non potest, nec donationem impediri ; si separari possit, cæteræ valere, id quod donatum sit non valere.* » Si le pacte *de non petendo* a été fait avec le conjoint débiteur, tout est nul : personne n'en profitera, que les *correi* soient ou non *socii*. Si le créancier pactise, au contraire, avec le débiteur qui n'est pas conjoint, nous distinguerons : si les *correi* ne sont pas *socii*, l'époux débiteur n'a aucun droit à invoquer le pacte qui n'est utile qu'au codébiteur pactisant. Si les *correi* sont *socii*, le pacte ne pouvant profiter au débiteur pactisant qu'à la condition de profiter à son associé, nous dirons avec Ulpien que l'époux débiteur pourra l'invoquer, *non impediri donationem.* »

139. Quant à l'acceptilation, elle est radicalement nulle, si elle a été faite au profit de l'époux : les *correi*

---

(1) **Fr.** 3 10, *de don. int. v. et u.*
(2) **Fr.** 7, § 16, *de pactis.*
(3) **Fr.** 5, § 2, *de don. int. v. et u.*

socii ou non, ne seront pas libérés (1). Si l'acceptilation a été faite au débiteur non conjoint, ce débiteur sera libéré, quoique l'époux reste tenu de l'obligation : «.*planè si proponas Titio acceptolatum, ipse quidem liberabitur, mulier verò manebit obligata.*» Malgré la généralité de ce texte d'Ulpien, nous croyons devoir admettre ici encore la distinction que ce jurisconsulte vient d'établir au cas du pacte *ne petatur.* Ainsi, selon nous, dans l'hypothèse où il y aura société entre les *correi promittendi,* nous admettrons que la femme et Titius seront libérés : il n'y a pas de raison, en effet, pour nous écarter de ce principe posé plus haut qui veut que, dans le cas où les codébiteurs sont *socii,* la convention faite avec l'un d'eux profite à l'égard de tous, car on sait que, s'il en était autrement, le recours du *socius* non favorisé ferait que la convention ne servirait en réalité à personne. Dans l'hypothèse où cette société n'existe pas, le texte d'Ulpien reçoit son application. Observons toutefois que, dans la circonstance actuelle, l'acceptilation est nulle en tant qu'acceptilation (2), et ne produit son effet vis-à-vis de Titius que comme renfermant un pacte utile. Titius seul est libéré non *ipso jure,* mais *exceptionis ope.*

140. La rigueur des principes en matière de donations entre époux, reçut sous Caracalla un adoucissement considérable. La donation entre-époux fut désormais valable, si le donateur mourait, *pendente matrimonio,* sans avoir révoqué sa libéralité : on supposait que l'époux donateur, à l'abri du danger de l'irrévocabilité de son acte,

(1) Ulp. Fr. 5, § 1, *de don. int. v. et u.*
(2) Fr. 8, *pr. de accept.*

n'avait fait que ce qui lui était permis d'ailleurs : une *mortis causâ donatio*. Le sénatus-consulte qui introduisit cette innovation importante dans la législation romaine fut certainement applicable à la remise de la dette. Ulpien (1) nous dit, en effet : « *Si obligatio remissa est, potest dici donationem effectum habiturum, ut puta, uxori acceptum tulit, donationis causâ, quod debeat, potest dici pendere acceptilationem, non ipsam sed effectum ejus.* » Nous devons nous rappeler que, à raison de sa qualité d'*actus legitimus*, l'acceptilation ne pouvait renfermer ni terme ni condition expressément formulés : on devait donc soigneusement éviter de subordonner expressément les effets de celle qui nous occupe au prédécès du conjoint.

141. Quant au pacte *de non petendo* intervenu entre les époux, *donationis causâ*, le même sénatus-consulte le rendait valable : bien plus, différant en cela de l'acceptilation, ce pacte pouvait renfermer un terme ou une condition expressément formulés. Remarquons que les effets de ce pacte, comme ceux de l'acceptilation en question, ne pouvaient se produire que contre les héritiers du conjoint créancier, car si ce dernier exerçait lui-même ses poursuites, il était censé, aux termes même du sénatus-consulte (2), révoquer sa libéralité : « *fas est eum pœnitere.* »

142. Le pacte *de non petendo* et l'acceptilation étaient soumis à certaines causes de révocation à raison du caractère gratuit dont ils pouvaient être revêtus. La législation romaine nous présente deux espèces de révo-

(1) Fr. 32, § 23, *de don. int. v et u.*
(2) Fr. 32, § 2, *l. c.*

cations : l'une exercée par les tiers dont les intérêts se trouvent lésés par l'acte du donataire, l'autre, exercée par le donateur par suite d'un changement de volonté. Nous allons examiner successivement les effets de l'une et de l'autre.

143. Et d'abord, nous savons que lorsque des proches parents voyaient leur légitime entamée par des donations, ils pouvaient, pour la faire compléter, obtenir la révocation de l'acceptilation ou du pacte *ne petatur*, qui les renfermait (1).

144. Il était encore un cas très remarquable dans lequel les tiers pouvaient attaquer ces actes lorsqu'ils avaient eu pour effet de léser leurs intérêts. Lorsqu'un débiteur accomplissait, en fraude de ses créanciers, un acte juridique quelconque, le préteur leur accordait pour en obtenir, quant à eux, la révocation, une action personnelle *in factum* appelée dans un fragment des Pandectes (2) *actio Pauliana*. Cette voie de recours était assurément ouverte contre le pacte *de non petendo* et l'acceptilation, même quand ni l'un ni l'autre de ces actes ne renfermaient pas de libéralité (3). Toutefois, le défendeur pouvait éviter la condamnation *quatenùs locupletior factus*, et arriver à une absolution, soit en créant une obligation nouvelle et semblable en tous points à celle que l'acceptilation avait éteinte, soit en faisant un nouveau pacte en sens inverse du premier. Ainsi, dit Julien (4), « *omnes debitores qui in fraudem creditorum*

(1) Fragm. Vat. §§ 270-271, 280-281 ; Cujas, *Obs.* 15, ch. IV.
(2) Fr. 38, § 4, *de usur. et fruc.*
(3) Fr. 1, § 2, *Quæ in fraud. cred.*
(4) Fr. 17, *pr. h. t.*

liberantur, per hanc actionem revocantur in pristinam obligationem. » Ulpien, de son côté (1), nous apprend que « *omnia revocantur, ac si liberatio facta non est.* »

145. Un fragment de Vénuléius (2) nous offre une application remarquable des principes de l'action paulienne en matière d'acceptilation. Le jurisconsulte y prévoit trois hypothèses : dans la première, le créancier *fraudator* a consenti une acceptilation au fidéjusseur : celui qui a connu le préjudice fait aux créanciers, sera tenu, en principe, de l'action paulienne ; si tous deux l'ont connu, ils seront tenus concurremment vis-à-vis de ces créanciers ; si le fidéjusseur est seul de mauvaise foi et se trouve insolvable, le *reus*, malgré sa bonne foi, pourra être poursuivi parce qu'il a réalisé un gain. Et c'est avec raison que le créancier de celui qui a consenti l'acceptilation est préféré au *reus* ainsi favorisé, car tandis que ce dernier *certat de lucro captando*, le créancier en question *certat de damno vitando*. Dans la seconde hypothèse, celle dans laquelle le *reus* est insolvable et de mauvaise foi, le fidéjusseur *qui ignoraverit fraudem* ne sera pas soumis à l'action paulienne ; car, grâce à cette libération, c'est plutôt un dommage qu'il évite qu'un bénéfice qu'il réalise. Enfin, dans une dernière hypothèse, celle où il existe plusieurs *correi promittendi*, Vénuléius se contente de dire : « *par utriusque causa est,* » ce qui signifie que, après une acceptilation faite à l'un des *correi*, il y a lieu d'intenter l'action paulienne

(1) Fr. 1, § 2, *Quæ in fraud.*
(2) Fr. 25, *pr. Quæ in fraud.*

contre l'autre, même de bonne foi, parce qu'il obtient sa libération *ex lucrativâ causâ.*

146. Nous n'avons pas à parler ici des actions *Faviana.* et *Calvisiana* (1), car, dans les hypothèses qui donnaient lieu à ces actions, la donation n'avait aucun effet spécial et ne se distinguait en rien des autres aliénations.

147. Enfin, disons quelques mots de la seconde cause de la révocabilité des donations, la volonté du donateur. Nous trouvons dans les *Fragmenta Vaticana*, § 272, un principe général : « *Omnis donatio mutata patronorum voluntate revocanda sit.* » Ce principe qui réglait spécialement les rapports entre le patron donateur et son affranchi donataire fut le fondement et l'origine de tout cet ordre de dispositions qui gouverna le droit de révoquer une libéralité. Absolue dans l'origine, cette liberté illimitée de révocation fut, comme on le sait, restreinte en étendue suivant les époques, jusqu'à ce que sous Justinien le droit de révocation fut érigé en règle générale (2). Ce qu'il nous importe ici de remarquer, c'est que les principes de la révocation des libéralités recevaient leur application dans les cas où elles étaient renfermées dans un pacte *de non petendo* ou dans une acceptilation. Au premier cas, le créancier en intentant une action contre le donataire était censé révoquer la donation et, par conséquent, il pouvait paralyser l'exception *pacti* qu'aurait voulu lui opposer ce dernier, par la *replicatio doli.* Dans le cas où il y avait eu acceptilation, le débiteur étant complètement libéré de son obligation, le

---

(1) Fr. 1, § 4, 12, 13, 16, etc. *Si quid in fraud. cred.*
(2) C. 10, *de rev. don.* au Code.

créancier devait, pour obtenir la révocation de sa libéralité, agir contre lui par une *condictio* ou *ex lege*.

148. Nous remarquerons, en finissant ce paragraphe, que le fils de famille ayant l'administration de son pécule ne pouvait décharger, soit par un pacte *ne petatur*, soit par une acceptilation, un de ses débiteurs, à moins que le père ne l'eût autorisé à donner (1). La loi Julia défendant de faire des présents aux personnes investies des fonctions publiques (2), il est probable que la même prohibition s'opposait à la libération par l'un et l'autre de nos modes d'extinction, du débiteur qui était l'avocat du créancier, ou qui remplissait à son égard les fonctions de magistrat.

§ 2.

Du cas dans lequel l'acceptilation et le pacte DE NON PETENDO *servent à l'exécution d'un legs.*

149. En partant de cette idée que léguer à une personne ce qu'elle doit, c'est lui léguer ce dont elle est propriétaire, on en était arrivé à douter de la validité du legs qui avait pour objet ce que le légataire devait au testateur. Mais, si nous remarquons que l'intention du testateur n'offre rien qui soit contraire au bon sens, lorsqu'il a manifesté la volonté de procurer à son débiteur, non sa

(1) **Fr. 7,** *de dôn.*
(2) **Fr. 8,** *ad leg. Jul. rep.*

propre chose, mais l'extinction de son obligation, nous comprendrons très-bien la règle que Justinien établit dans ses Instituts (1), lorsqu'il nous apprend que l'on peut léguer à un débiteur sa libération. Ulpien (2) avait, du reste, depuis déjà longtemps, posé ce principe comme certain : « *Liberationem posse legari debitori jàm certum est.* »

150. Le legs de libération, quand il émane du créancier lui-même, peut produire son effet de deux manières. Le legs n'étant pas un des modes d'extinction des obligations reconnues par l'ancien droit civil, la dette ne se trouve pas éteinte *ipso jure* en vertu du legs : l'héritier succède donc à la créance qu'avait le testateur ; mais si cet héritier veut en poursuivre le paiement, le débiteur le repoussera au moyen d'une exception. Du reste, le débiteur n'est pas obligé d'attendre ainsi la poursuite, de rester sur la défensive : comme l'indique le texte des Instituts, ce débiteur peut prendre les devants : il peut agir *ex testamento* contre l'héritier, demander que l'héritier le libère, par exemple, en lui faisant *acceptilatio* (3). « *Sive à me petatur exceptione uti possum, sive non petatur possum agere ut liberer per acceptilationem,* avait dit Ulpien.

151. Dans certains cas, on ne pouvait exiger une acceptilation de la part de l'héritier : il fallait alors que l'on se contentât ou d'actionner celui-ci pour l'amener à faire un pacte *de non petendo* ou qu'on lui opposât l'exception du testament. Cela arrivait, par exemple,

(1) *De legatis,* § 13.
(2) Fr. 3, *de lib. leg.*
(3) Demangeat, t. I, p. 750. Inst. Just.

lorsque le *de cujus*, sans léguer au débiteur sa libération, avait seulement défendu à l'héritier d'exiger sa créance *intrà certum tempus* : un pareil legs ne produisait qu'une exception temporaire, que pouvait invoquer le légataire, pendant le temps fixé par le testateur. Il était encore un cas dans lequel le légataire n'avait pas le droit de demander que l'héritier éteignît la dette au moyen d'une *acceptilatio*. Supposons deux débiteurs du défunt *correi promittendi*, qui ne sont pas associés entre eux : le défunt a légué à l'un d'eux sa libération ; le second *correus* ne pourra demander à l'héritier de lui faire *acceptilatio*. En effet, l'acceptilation éteint complètement la dette, comme nous savons ; libérant un des deux débiteurs, elle libérerait nécessairement l'autre, ce qui serait contraire à la volonté du *de cujus* qui n'a voulu gratifier que l'un de ses débiteurs : « *Agendo consequetur primus, non ut accepto liberetur, ne etiam correus liberetur contrà testatoris voluntatem, sed pacto liberabitur,* » nous dit Ulpien (1). Ainsi, tout ce que le légataire pourra exiger de l'héritier, c'est que celui-ci lui consente un pacte *de non petendo*. Le légataire gardant par devers lui, la preuve du pacte sera par là même en mesure de repousser toute poursuite que l'héritier s'aviserait de diriger contre lui.

152. De même, quand un créancier a fait un legs de libération au profit du fidéjusseur, le principe est que l'héritier se trouve tenu de consentir un pacte *de non petendo*.

153. Quant au *correus promittendi* dont le testateur

---

(1) Fr. 3, § 3, *de lib. leg.*

n'a point parlé, il ne peut tirer aucun bénéfice d'un acte qui lui est étranger. Toutefois, en vertu du principe que l'intention des parties doit toujours être prise ici en considération, nous déciderons que ce *correus* devra être considéré comme légataire, s'il apparaît clairement que la volonté du testateur a été que le legs lui procurât un avantage (1). S'il y a *societas* entre les *rei promittendi*, l'héritier peut être contraint de faire acceptilation et *Secundus* profitera ainsi du legs fait à *Primus* : car, par suite de cette *societas*, la plus petite portion de dette payée par *Secundus* porterait préjudice à *Primus*. Ce résultat était atteint, même quand le *de cujus* avait ignoré l'existence de la *societas* au moment où il faisait le legs.

154. Paul (2) prévoit l'hypothèse dans laquelle, ayant deux débiteurs solidaires, dont l'un est incapable et exclu du legs en vertu des lois caducaires, un testateur a chargé son héritier de les libérer tous deux. S'ils ne sont pas *socii*, la volonté de la loi et celle du testateur seront réalisées par la délégation que l'héritier fait au légataire capable de sa créance contre l'incapable. Le premier, ainsi constitué *procurator in rem suam* contre le second, a le bénéfice d'un droit que le testateur voulait enlever à l'héritier, et qui ne devait pas néanmoins, d'après la loi, s'évanouir au profit de l'incapable. Si les deux *rei* sont associés, ajoute Paul, le legs de libération, qui n'est cependant valable qu'à l'égard de l'un d'eux, aura cette conséquence nécessaire qu'il fera profiter l'incapable de la capacité de son *correus*. Il en serait de

---

(1) Fr. 3, § 4, *In fine, l. c.*
(2) Fr. 29, *de lib. leg.*

même, dans le cas où le testateur aurait chargé son héritier de ne libérer que le débiteur capable de recevoir le legs (1).

155. La libération pouvait être faite indirectement au débiteur par la remise du *chirographum*, c'est-à-dire l'écrit constatant son engagement. Mais alors il n'y avait pas un legs véritable : cet acte n'avait que la force d'un fidéicommis, et, comme conséquence, on accordait au débiteur une exception de dol contre l'héritier qui aurait voulu agir (2).

155 *bis*. Finissons par une remarque importante : si l'héritier, ignorant que la libéralité fût excessive, avait conclu avec le débiteur, soit une acceptation, soit un pacte *de non petendo* en exécution d'un legs de libération, il pouvait toujours invoquer la loi Falcidie pour agir contre le légataire, débiteur libéré. La *replicatio in factum*, la *condictio ex lege*, suivant les cas, venaient au secours de l'héritier et lui permettaient de retenir sa quarte (3).

(1) Fr. 29, *h. l. In fine.*
(2) Fr. 3, § 1, *de lib. leg.*
(3) Fr. 82, *Ad leg. Falc.*

DEUXIÈME PARTIE.

DE LA REMISE DE LA DETTE EN DROIT FRANÇAIS.

PRÉLIMINAIRES.

156. En présence de la théorie si parfaite dont la vaste matière des obligations avait été l'objet de la part des jurisconsultes romains, nos anciens coutumiers ne purent mieux faire que de respecter, en l'admirant, ce monument magnifique, œuvre grandiose de tant de siècles, de tant d'hommes de génie : aussi, après avoir recueilli et conservé religieusement ce précieux dépôt de la tradition romaine, l'ancien Droit français nous l'a fidèlement transmis, sans altération, pour ainsi dire ; de telle sorte que, chose vraiment remarquable, le plus sûr interprète des lois romaines, le célèbre Pothier, se trouve aussi le commentateur le plus judicieux du titre des Obligations, tel qu'il figure au Code Napoléon.

157. Le sujet à l'étude duquel nous nous livrons aujourd'hui, la remise de la dette, fait partie de ce mo-

nument impérissable qui, après avoir traversé une longue période de siècles, est parvenu presque intact jusqu'à nous : on comprendra, dès lors, bien facilement qu'après l'avoir examiné sous ses divers aspects dans la législation romaine, nous ayons jugé inutile, au moment où nous allons l'étudier au point de vue du droit moderne, de traiter, dans un chapitre particulier, de la remise de la dette dans notre ancien Droit français ; nous nous fussions ainsi exposés à des redites inévitables. Du reste, si l'ancien droit a modifié, sur quelques points de détail, la tradition romaine en notre matière, nous ne manquerons pas de le mentionner, et si le texte de notre Code se montre parfois obscur ou incomplet, nous aurons recours pour l'éclairer ou subvenir à son insuffisance à cette puissante autorité de notre ancien droit, l'illustre Pothier. Ainsi, cette lacune que constituerait le défaut d'examen des dispositions de l'ancienne jurisprudence ne sera qu'apparente, et nous ne pourrons mériter le reproche de n'avoir pas, tout à la fois, envisagé le sujet de notre travail, sous le triple point de vue du Droit romain, de notre ancien droit et du Code Napoléon.

158. La remise de la dette peut se définir : l'acte par lequel un créancier fait abandon au débiteur de son droit de créance. Cette définition est exacte à tous égards, et peu importe que l'obligation à l'occasion de laquelle intervient cette remise, dérive d'une opération unilatérale ou synallagmatique. Cette espèce de renonciation est régie par des règles particulières, et il faut bien se garder de la confondre avec certains autres actes juridiques modificatifs des droits de créance, tels que le *désistement*, qui constitue l'abandon de l'action judiciaire in-

tentée pour faire reconnaître un droit de créance, *l'ac-quiescement*, qui a lieu lorsque le débiteur renonce à se défendre contre la poursuite du créancier, la *transaction* qui implique l'idée de renonciation au droit de plaider à propos d'une créance sujette à quelque contestation : il y a alors contrat avec obligation de ne pas faire.

159. Il n'y a réellement remise de l'obligation que lorsque son extinction s'opère d'une manière absolue par l'effet de la volonté directe du créancier. Aussi, il est impossible de trouver les éléments d'une remise dans le paiement ou la novation : assurément, dans ces deux cas, la dette est éteinte ; mais la cause de cette extinction ne se trouve pas uniquement dans l'intention du créancier : elle résulte aussi du fait du paiement ou de la formation d'une créance nouvelle.

160. En partant de cette idée que la libération du débiteur trouve sa cause dans la seule volonté du créancier, Pothier et Delvincourt ont émis l'opinion que la remise de la dette était toujours faite à titre gratuit. Afin de faire ressortir ce que cette opinion renferme d'exagéré, nous ne pouvons mieux faire que de reproduire l'exemple cité par un auteur (1), afin d'établir qu'il est parfois possible qu'une remise de dette se fasse à titre onéreux : quand je vous libère de votre dette de 500 francs, parce que vous-même m'affranchissez de l'obligation où j'étais de faire pour vous un tel voyage, il est clair que nulle de ces deux remises n'est gratuite, puisque chacune est faite en raison de l'avantage que son auteur obtient de l'autre partie.

(1) Mercadé, t. IV, p. 597.

161. En conséquence, nous ne répondrons d'une manière exclusive ni à l'une ni à l'autre de ces deux questions : la remise de la dette est-elle une convention à titre onéreux ? constitue-t-elle un acte à titre gratuit ? Nous reconnaîtrons et nous proclamerons une remise de dette, toutes les fois que nous nous trouverons en face d'un créancier abdiquant son droit au profit de son débiteur, en reconnaissant cependant que, le plus souvent, cette renonciation du créancier aura lieu à titre gratuit (1).

162. De ce que nous venons de dire, nous pouvons conclure que, quant à ses formes, la remise conventionnelle est affranchie de toute règle spéciale : la loi n'a en effet imposé de formes solennelles qu'aux actes dont l'objet direct et immédiat est de procurer un avantage, de contenir une donation : or, l'art. 1234 considère formellement la remise de la dette comme un mode d'extinction des obligations : toutefois, comme elle constitue le plus souvent un acte à titre gratuit, nous devrons,

_____

(1) En matière d'enregistrement, il importe beaucoup de déterminer quelle a été l'intention du créancier en opérant une remise de dette, et l'appréciation du droit fiscal à percevoir en présence d'un pareil acte présente quelque difficulté. En elle-même, la remise de dette n'implique pas l'idée de transmission sans laquelle il n'y a pas de donation proprement dite, et l'acte portant remise de dette est d'ailleurs une véritable quittance qui, de l'aveu de tous, est dispensée de la forme de la donation entre-vifs. Aussi, à ce point de vue, et la perception a été souvent réglée de cette manière, l'acte ne sera soumis qu'à un droit de 50 centimes par 100 francs, au lieu d'acquitter le droit de donation. Cependant, certains arrêts ont décidé que la remise de dette accompagnée, par exemple, d'une déclaration qu'elle est consentie pour donner une preuve d'attachement au débiteur parent du créancier, ou de toute autre déclaration analogue, constitue une véritable donation et comme telle devient passible du droit fiscal établi sur cette classe d'actes. M. Gabriel Demante (*Expos. rais. des principes de l'enregistrement*, nos 536, II; 575) constate que la remise purement gratuite étant considérée comme donation, le droit proportionnel en est alors encouru à ce titre.

quant au fond, la soumettre à toutes les règles qui concernent la donation.

163. Nous devons observer tout de suite que la remise de la dette peut être opérée en exécution d'un testament dans lequel elle serait concédée de la manière la plus formelle ; mais, dans ce cas, comme toute libération par un créancier à son débiteur doit, dans un acte de dernière volonté, être clairement exprimée, comme il n'y a pas d'acte qui puisse, en cette matière, faire présumer la volonté du disposant (1), nous attribuerons à cette remise les effets de la remise expresse dont nous allons nous occuper sous les nos 192 et suivants, et sur laquelle s'élèvent rarement des difficultés. Comme cette remise de la dette faite en exécution d'un testament constituera, dans la plupart des cas, de même que la remise conventionnelle, une libéralité au profit du débiteur, on conçoit que nous aurons à lui appliquer, dans notre chapitre II, les règles relatives aux libéralités testamentaires (2).

164. Après avoir ainsi délimité, d'une manière générale, le domaine de la remise de la dette, et déterminé

(1) A la lecture de certains arrêts, on pourrait croire que ce point est controversé : on suppose dans ces diverses espèces que le créancier a livré pour le remettre à son débiteur, après son décès, le titre constatant son droit. Mais la contradiction qui semble ressortir de la comparaison de ces arrêts n'est qu'apparente, et il est facile de les concilier au moyen d'une simple observation : les juges ont diversement interprété, en fait, l'intention de celui qui faisait un pareil acte : les uns y ont vu une remise conventionnelle acceptée par un tiers *negotiorum gestor* du débiteur; les autres ont cru, et leur opinion est la plus conforme aux principes du Code, que ce créancier avait voulu faire simplement une sorte de disposition fidéicommissaire, révocable à son gré, mais entièrement inefficace en l'absence de testament. (Limoges 1821 ; Cass. 1823 ; Paris 1828, 1850 ; *Journal du Palais* 1851, p. 503.)

(2) Nos 226, 227, 228. 254, *infrà*.

son caractère ainsi que la variabilité de sa cause impulsive, il est facile de tracer une division bien rationnelle de l'étude dont elle va faire l'objet. Nous devrons l'examiner, dans deux chapitres différents, sous un double point de vue : comme mode d'extinction des obligations d'abord, qu'elle constitue un acte à titre gratuit ou onéreux, peu importe, et, en second lieu, comme mode d'exécution d'une libéralité. Nous traiterons ensuite, dans une division particulière, de la remise de la dette résultant d'un concordat intervenu entre les créanciers et le failli.

CHAPITRE PREMIER.

DE LA REMISE DE LA DETTE CONSIDÉRÉE COMME MODE D'EXTINCTION DES OBLIGATIONS.

165. Dans ce premier chapitre, nous traiterons de la remise de la dette à un point de vue tout-à-fait général; c'est-à-dire en tant qu'extinctive des obligations, qu'elle trouve sa cause déterminante chez celui qui l'accorde, soit dans le but de faire une libéralité, soit dans la pensée de retirer de sa renonciation un avantage juridique quelconque. Nous aurons à rechercher dans une première section les modes de manifestation de la remise d'une dette : nous étudierons ensuite dans une deuxième les effets de cette remise.

SECTION Ire.

MODES DE MANIFESTATION DE LA REMISE.

166. La remise de la dette consiste, nous l'avons vu, dans le fait du créancier qui renonce au droit de poursuivre celui qui s'est obligé envers lui, pour le contraindre à exécuter son obligation. A ce point de vue, la remise de la dette rentre donc dans les principes généraux en matière de renonciation, et, par suite, n'est soumise à aucune condition de forme spéciale. En cela, notre législateur n'a fait que consacrer la tradition de l'ancien droit français, dans lequel il n'était pas resté le moindre vestige des anciennes formalités du droit romain. Nous ne connaissons pas dans notre droit, nous dit Pothier (1), la forme de l'acceptilation. Les distinctions et les subtilités du droit romain en cette matière ne sont pas reçues chez nous, et toutes les dettes, quelles qu'elles soient et de quelque façon qu'elles aient été contractées, s'éteignent, de plein droit, par la simple convention de remise entre le créancier et le débiteur.

167. Ici se place tout naturellement l'examen d'une question intéressante et qui a donné lieu à une vive controverse. On reconnaît généralement aujourd'hui, que la remise de la dette ne peut produire ses importants effets extinctifs sans l'existence de deux volontés : celle du

(1) Poth. no 607, *Tr. des obligat.*

créancier et celle du débiteur. Dans le cas où la remise
se fait par convention, ces deux volontés doivent concourir : dans le cas où elle s'opère par testament, la
succession des deux volontés est indispensable. Cependant on débat en théorie le point de savoir si, seule, la
volonté du créancier est capable d'anéantir l'engagement.
Barbeyrac (1) qui pense que la volonté unique du créancier suffit à rompre le lien d'obligation, s'appuie sur un
principe consacré au Digeste (2), par Paul, le célèbre
jurisconsulte romain, en vertu duquel toute personne
ayant la libre disposition de ses biens, peut répudier et
perdre les droits qui lui appartiennent. On peut donc, dit
Barbeyrac, renoncer à un droit de créance : or, sans
créance il ne saurait exister de dette : ainsi, la volonté
du renonçant, toute seule, aboutit à l'extinction de
l'obligation. Ce raisonnement, nous l'avouons, serait
concluant s'il était l'expression fidèle de l'esprit de la
loi romaine, et si un autre principe, admis par tous les
jurisconsultes de Rome, par Paul, tout le premier, ne
venait pas clairement établir la fausseté de la conclusion
qu'on a voulu induire de ce fragment du titre *pro derelicto*. Oui, la loi romaine pose un principe vrai en
déclarant que le propriétaire peut abdiquer son droit par
sa seule volonté : il en est ainsi dans tous les cas où
l'anéantissement du droit ne peut profiter à personne ou
ne peut profiter à quelqu'un qu'avec son consentement :
la chose abandonnée *desinit omittentis esse, non fit alterius nisi possessa fuerit*. Ce principe est vrai quant à

(1) Notes sur Puffendorf.
(2) Fr. 2, § 1, *Pro derelicto.*

tous les droits réels. Mais en matière de droits personnels ou relatifs, il en sera différemment, car ici on ne
peut imaginer de dessaisissement d'un côté sans enrichis-
sement de l'autre, et nous devrons respecter la maxime
romaine : « *Invito beneficium non datur* (1). » Cette
maxime est, du reste, confirmée par l'art. 1211 du Code
Napoléon : car, selon Pothier, dont notre législateur a
suivi la doctrine, lorsqu'un créancier annonce qu'il fait
remise de la dette, on doit nécessairement lui prêter la
volonté de faire une libéralité à son débiteur et par suite
appliquer les principes de la donation qui exigent rigoureusement, pour que la donation produise son effet, le
consentement du donataire. A bien plus forte raison, ce
consentement du débiteur devra être requis, dans le cas
où la remise de la dette constituera l'équivalent d'un
bénéfice que le créancier reçoit de son débiteur. Une
conviction parfaitement établie, nous détermine donc à
décider, avec un autre annotateur de Puffendorf, Gar-
michaël, professeur à l'Université de Glasgow (2), que,
comme l'obligation ne naît que par l'acceptation des
offres, de même elle ne s'éteint que par l'acceptation, de
la part du débiteur, de la déclaration par laquelle le
créancier lui fait remise de la dette.

168. La solution que nous présentons et que la pratique a toujours acceptée, nous permet de poser un principe important : la remise conventionnelle n'est parfaite
que par l'acceptation du débiteur : jusque là le créancier
peut révoquer son offre de faire remise, et cette offre

---

(1) Fr. 69, *De reg. juris.*
(2) Notes sur le *Tr. de offic. hom et civis*, de Puffendorf.

s'évanouirait nécessairement par la mort, soit du créancier, soit du débiteur, survenue avant cette acceptation. Après avoir ajouté qu'il va de soi que cette acceptation peut être tacite et que l'on devra même la présumer dans l'immense majorité des cas, nous ne ferons qu'indiquer une question vivement débattue et dont la discussion ne saurait trouver ici place : c'est celle de savoir si le moment précis de l'extinction de la dette est celui de l'acceptation du débiteur ; si, au contraire, la dette n'est anéantie que dès l'instant où le créancier a connu cette acceptation.

169. La remise de la dette pourra se produire à nos yeux de deux manières bien différentes : ou bien elle sera faite d'une manière expresse, ou bien elle résultera de certains faits propres à la faire présumer. La remise expresse s'annonce toujours clairement par les termes même de la convention, soit que le créancier déclare qu'il fait abandon de la dette, ou qu'il tient pour acquittée ou qu'il en donne décharge, comme s'il en avait reçu le paiement. Si des contestations s'élèvent entre les parties, le juge se bornera à rechercher si, en fait, la convention a existé et il en exigera la preuve, d'après les règles du droit commun. Peu de difficultés s'élèveront, on le comprend, en présence d'une remise expresse : aussi, le Code garde, sur ce point, un silence complet. Il entre, au contraire, dans quelques détails au sujet de la remise de la dette faite par une convention tacite, c'est-à-dire présumée à raison de certains faits.

170. Avant d'entrer dans notre matière, il est peut-être bon de rappeler quelques idées générales sur les présomptions. Ce sont des conséquences que la loi tire

d'un fait connu à un fait inconnu (1). Les unes, dont l'appréciation est laissée à la sagesse des juges (2), sont admissibles dans les cas où la preuve testimoniale le serait également et peuvent être combattues par la preuve contraire : les autres, qualifiées de présomptions légales, sont attachées par la loi à certains actes ou à certains faits (3). Celui au profit duquel existe la présomption légale est dispensé de toute preuve, et quand le législateur dénie l'action en justice, sur le fondement de cette présomption, la preuve contraire est inadmissible, à moins qu'une disposition formelle ne l'ait réservée (4). Nous trouvons dans le Code, en notre matière, une importante application de cette doctrine générale.

171. Nous lisons d'abord dans l'article 1282 : « La remise volontaire du titre original sous signature privée, par le créancier au débiteur, fait preuve de la libération. » Puis dans l'article 1283 : « La remise volontaire de la grosse du titre fait présumer la remise de la dette ou le paiement, sans préjudice de la preuve contraire. Après avoir constaté avec l'un des auteurs du projet de Code (5), l'équivoque existant dans ces mots : *remise volontaire* répétés dans les deux articles, et qu'il est, du reste, facile de faire disparaître en substituant à ces expressions celles de *livraison volontaire*, nous devons examiner la nature du fondement de la présomption établie dans les textes précités. Ce fondement, c'est la livraison faite par

(1) Art. 1349, Cod. Nap.
(2) 1353, id,
(3) 1350, id.
(4) 1352, id,
(5) M. Maleville.

le créancier au débiteur du titre qui constate sa créance. Comment le débiteur pourra-t-il prouver cette livraison? De deux choses l'une : ou il est en possession du titre, ou bien il a perdu cette possession. Dans ce dernier cas, aux termes de l'article 1348, il devra être admis à établir par témoins la preuve qu'il a perdu l'écrit. Si, au contraire, cet écrit est encore en sa possession, devons-nous présumer que c'est du créancier qu'il le tient? La question était controversée dans l'ancien droit. Dans l'opinion de Ménochius, malgré la possession du billet, le débiteur devait prouver qu'il l'avait reçu du créancier. Boiceau, nous dit Pothier (1), distinguait, après quelques anciens docteurs, entre le cas où le débiteur en possession du billet alléguait un paiement, et le cas où il invoquait une remise de dette : dans cette dernière hypothèse, la possession du titre n'en faisait pas présumer la livraison par le créancier, en vertu de la maxime : *Nemo facilè donare præsumitur.* Quant à Pothier, il repoussait cette distinction et admettait, dans les deux cas, la présomption de la livraison du titre par le créancier. Cependant, il trouvait plausible la distinction de Boiceau sur la qualité de la personne du débiteur. « Si, dit-il, le débiteur était le facteur du créancier, ou autre domestique à portée de se saisir du billet, la possession en laquelle il serait du billet, pourrait n'être pas une présomption suffisante ni de la remise, ni même du paiement de la dette. De même, si c'était un voisin chez lequel le créancier eût porté ses effets dans le cas d'un incendie. » Aujourd'hui nous admettrons avec Pothier

(1) Poth. n° 609, *Tr. des obl.*

que la possession de l'écrit par le débiteur doit faire présumer que le créancier le lui a rendu, parce que, suivant les expressions de ce jurisconsulte, « c'est la voie naturelle par laquelle la possession en a dû passer de la personne du créancier en laquelle il était, en celle du débiteur. » Toutefois, vu le silence du Code, le juge pourra, à raison des circonstances, déclarer que la possession de l'écrit ne démontre pas qu'il a été livré par le créancier au débiteur, et dès lors ce dernier devra établir sa preuve d'une manière plus complète : du reste, l'on peut remarquer qu'ici la présomption de l'homme est toujours admissible, puisqu'en présence du commencement de preuve par écrit qui résulte de l'existence même du titre entre les mains du débiteur, la preuve par témoins le serait nécessairement. Ainsi, le magistrat aura à choisir entre la présomption de libre restitution résultant au projet du débiteur du fait de sa possession, et la présomption contraire qui résulte d'un fait démontré à l'appui de son allégation (1). Plusieurs arrêts de la Cour de cassation ont consacré la doctrine que nous venons d'exposer (2).

172. Le titre, quel qu'il soit, doit être remis par le créancier : cela n'est pas douteux, et la Cour de Douai a décidé dans un arrêt (3) que le débiteur ne pourrait se prétendre libéré en vertu de la tradition émanant d'un tiers. Hâtons-nous cependant de dire qu'il n'est pas indispensable que le titre ait été livré par le créancier en per-

(1) Fenet, XIII, p. 81, 82, 297 ; Toullier, t. VII, 324 ; Duranton, XII, 362 ; Zachariæ. II, 402.
(2) 10 avril 1838. — 5 mars 1835. — 28 août 1844.
(3) 29 Nov. 1849. Sirey, 50, 2, p. 223.

sonne ; un mandataire, un créancier solidaire , un mari ,
un tuteur, toutes personnes , en un mot, pouvant recevoir valablement un paiement, pourront opérer la livraison
de l'écrit. En vain objecterait-on qu'il ne saurait en être
ainsi, puisque ces personnes sont privées du droit d'accorder une remise de dette. L'objection tombe d'elle-même
quand on se rappelle que la livraison du titre peu_t
très bien faire présumer une libération à titre de paiement.

173. Nous avons à peine besoin d'ajouter que la présomption de nos deux articles ne peut s'élever qu'autant
que la tradition du titre a été faite au débiteur lui-même.
Bien que toute personne ait le droit d'acquitter la dette
d'autrui , il ne résulte nullement de ce principe que le
fait du créancier livrant à un tiers son titre contre le
débiteur, peut-être pour le poursuivre, doive nécessairement s'interpréter dans le sens d'un paiement reçu de ce
tiers. Ce cas, possible sans doute, n'est pas présumé par
la loi, et le devoir du juge sera, dans une pareille hypothèse, de rechercher les éléments de sa décision dans les
circonstances du fait.

174. La livraison du titre par le créancier au débiteur
est donc le fondement de notre présomption légale : il
nous reste à déduire avec le Code les conséquences de
cette présomption , dont la puissance variera avec la
nature du titre remis. Voyons d'abord quelle était , sur
ce point , la doctrine de l'ancien Droit : selon Pothier ,
lorsque le créancier avait rendu au débiteur son billet ,
ou le *brevet* d'obligation , il était présumé lui avoir remis
la dette : « *Si debitori meo reddiderim cautionem, videtur
inter nos convenisse ne peterem.* » Tel était le texte du

Droit romain sur lequel s'appuyait sa décision (1). Plus loin, le même jurisconsulte ajoute : ce qui est décidé à l'égard d'un billet ou d'un brevet d'obligation ne doit pas s'étendre à la grosse d'un contrat de constitution ou d'une obligation dont il y a une minute. Quoique cette grosse se trouve entre les mains du débiteur, il n'en résultera pas une *présomption* suffisante du paiement ou de la remise de la dette, à moins que d'autres circonstances ne concourent; car la minute restée chez le notaire réclame alors en faveur du créancier. Si nous rapprochons maintenant de la théorie du Code Napoléon cette doctrine de notre ancien Droit, voici ce que nous pouvons constater : le législateur de 1804 a conservé la distinction de Pothier en suivant, comme on l'a dit (2), la même progression que lui, mais en renforçant chacun de ses termes. L'art. 1283 fait une présomption légale *juris tantùm* de ce qui, d'après Pothier, n'était qu'une simple présomption, et l'art. 1282 fait une présomption *juris et de jure* de ce qui, auparavant, n'était qu'une présomption *juris tantùm*. Ce système ressort de la manière la plus évidente des deux textes que nous étudions : la remise du titre original *fait preuve* de la libération, suivant l'énergique expression de l'art 1282; la remise de la grosse fait présumer cette libération, sauf la preuve contraire. Toute légale qu'elle est, cette dernière présomption peut donc être combattue par la preuve contraire ; la loi le dit formellement ; et cette différence entre la force de nos deux présomptions est fondée sur la nature

(1) Fr. 2, § 1, *De pactis*, au Digeste.
(2) Larombière, III, p. 584, *Théor. des obl,*

même des choses. Dans un cas, en effet, le créancier est justement censé renoncer à toute poursuite, puisqu'il se dépouille absolument d'un titre qui constituait pour lui le seul moyen de prouver l'obligation de son débiteur. Dans le second cas, il n'a renoncé qu'à celui qui lui permettait d'obtenir une exécution rapide de l'obligation, mais il lui est encore facile d'arriver à un jugement de condamnation, en se procurant un nouveau titre au moyen de la minute restée chez le notaire.

175. Cette interprétation si naturelle de l'esprit de nos articles, nous permet de donner une solution facile à une question qui n'a pas été prévue dans la rédaction du Code. C'est en vain que nous y chercherions une disposition relative à la livraison faite au débiteur par le créancier, d'un original rédigé en brevet. Quel sera donc l'effet de la restitution d'un pareil écrit ? Nous n'hésitons pas à répondre que nous appliquerons à la livraison du brevet ce que le législateur a formellement déclaré quant à celle de l'acte sous seing-privé, et malgré la prohibition de l'art. 1350 qui défend d'étendre, par analogie, les présomptions légales hors des cas prévus par la loi, deux motifs péremptoires nous font persister dans notre solution : d'abord, la raison de décider est *identiquement* la même dans les deux cas, et, d'après Toullier (1), la preuve de la libération tient moins à la nature du titre remis, qu'à la situation que se fait volontairement le créancier en se dessaisissant ; d'ailleurs, la discussion de la loi constate suffisamment que si les rédacteurs du Code n'ont pas explicitement consacré l'assimilation

(1) T. VII, n° 324.

établie par Pothier entre les deux écrits, c'est qu'elle leur paraissait trop évidente pour qu'il y eût lieu de s'en occuper (1).

176. Nous avons examiné le fondement et la puissance de la présomption de libération établie par nos articles 1282 et 1283. Mais, à quel titre cette libération a-t-elle eu lieu ? Est-ce à titre de paiement ? est-ce à titre de remise de dette ? L'importance de la question est facile à saisir : si on décide que la libération a eu lieu à titre de paiement, il n'y a pas lieu d'appliquer les règles du rapport de la réduction de la révocation des libéralités, ce qui devra se faire dans l'hypothèse contraire ; la libération valable comme paiement peut d'ailleurs, comme nous l'avons vu, ne pas valoir comme remise. Que déciderons-nous à ce sujet ? Pothier ne nous offre aucun éclaircissement sur la question, et le Code est aussi peu explicite que lui quand il nous dit : La remise fait preuve de la libération (art. 1282) : elle fait présumer la remise de la dette *ou* le paiement (art. 1283). Entre le débiteur qui prétend avoir fait un paiement et le créancier qui dit avoir accordé une remise, en l'absence de toute justification de part et d'autre, dans quel sens devra se prononcer le juge ? Certains auteurs ont prétendu que, dans ce cas, le magistrat devra présumer non une cause exceptionnelle de son extinction, mais le mode naturel et ordinaire de se libérer d'une obligation, c'est-à-dire le paiement. Envisageant la question de savoir si le créancier pourra combattre par tous moyens de preuve cette présomption de paiement et établir l'existence d'un remède, certains

(1) Fenet, XIII, p. 85.

se prononcent pour l'affirmative (1). D'autres distin-
guent (2) : s'il y a eu livraison du titre sous seing privé,
ils décident qu'en ce cas le créancier ne pourra prouver
qu'il y a eu remise, vu la présomption invincible de
l'art. 1282. S'il y a eu livraison de la grosse du titre, la
preuve contraire étant réservée par l'art. 1283, le créancier pourra démontrer qu'il y a eu remise. En présence
de cette confusion évidente sur le sens des art. 1282 et
1283 et sur l'objet de la présomption légale qu'ils contiennent, nous nous refusons absolument à adopter le
système dont elle est la conséquence. Il est clair que la
force de la présomption n'a pour résultat que l'anéantissement de l'obligation : quant au titre de la libération,
la loi ne présume rien. De quels faits a-t-on pu induire
une présomption de l'homme pour se prononcer en faveur
d'une présomption de paiement, lorsque l'hypothèse de
la loi est qu'à côté de la possession du titre par le débiteur, il n'existe aucune autre espèce d'élément de
décision ? Et pourquoi lorsqu'un débiteur, armé de son
titre, agira en répétition comme ayant payé ce qu'il ne
devait pas, serait-il dispensé de prouver le paiement ?
Et quand le créancier, de son côté, voudra faire révoquer
la libération en prétendant que le débiteur en possession
du titre a été affranchi par une remise gratuite, peut-on
admettre qu'on doive le croire sur parole ? Il est évident
qu'à défaut de preuves, les tribunaux ne peuvent admettre la prétention du demandeur, bien qu'elle paraisse
plus naturelle que celle du défendeur. Nous retombons

(1) Marc. t. IV, p. 603 et 604.
(2) Zachariæ, t. III, p. 146.

ainsi tout naturellement dans l'application ordinaire du droit commun : un point n'est pas contestable : la libération a eu lieu. Est-ce à titre de paiement ? est ce à titre de remise? *actori incumbit probatio*. Le demandeur devra prouver son droit, et il pourra le faire par tous moyens de preuve (1). En effet, le créancier qui offre de prouver qu'il y a eu remise ne conteste pas le fait duquel son débiteur induit sa libération : il l'accepte comme prouvé, aux termes de la loi ; il n'en conteste que le mode spécial : à la présomption de paiement, il oppose des présomptions contraires qu'il pourra établir, la loi le lui permet, par témoins, comparution personnelle, interrogatoire, serment, en un mot par tous les moyens possibles.

177. Doit-on appliquer en matière commerciale cette doctrine que la présomption légale de libération résultant de l'art. 1382 ne peut être combattue par la preuve contraire? Nous savons qu'en matière commerciale la preuve testimoniale et les présomptions sont admises par la loi, quelle que soit l'importance du débat (2). Cependant certains auteurs n'ont pas hésité à répondre affirmativement à la question que nous venons de poser, en prétendant que si l'art. 12 du Code de commerce facilite une preuve permise, il ne permet pas une preuve défendue : il supprime, sans doute, les restrictions apportées en matière civile à l'usage de la preuve testimoniale, mais il n'autorise nullement l'admission de cette preuve dans les cas où la loi civile la proscrit. Nous

(1) Duranton, XII, n° 364.
(2) Art. 12, Cod. de comm.

repoussons absolument une pareille doctrine, et voici pourquoi : la preuve que l'art. 1382 fait résulter de la livraison volontaire d'un titre ne constitue pas une présomption légale péremptoire et absolue, exclusive de toute preuve contraire, comme la prescription et la chose jugée, puisque nous avons clairement établi que la libération résultant de cette livraison est subordonnée au concours de certaines conditions, et que l'existence de ces conditions peut être combattue par des présomptions contraires (1). Donc, si cette présomption n'est pas aussi absolue que les termes de notre article semblent l'indiquer, nous devrons conclure légitimement que, pouvant être débattue par la preuve contraire, les tribunaux de commerce pourront, dans tous les cas, puisque la loi commerciale le leur permet, se fonder sur les livres des parties, sur les dépositions des témoins, sur divers documents, etc., pour décider que la remise du titre ne fait pas preuve de la libération du débiteur (2).

178. Seuls, les faits indiqués dans les articles 1282 et 1283 entraînent la présomption légale de libération. Ainsi, après jugement de condamnation, la tradition au débiteur du titre original en vertu duquel le jugement a été rendu ; ainsi, la tradition d'une simple expédition d'un acte notarié, ne feront jamais présumer la libération du débiteur, car ces actes, de la part du créancier, ne le laissent pas désormais dans l'impossibilité d'agir afin de poursuivre sa créance. Comme conséquence du même principe, le Code, en suivant Pothier, a dénié au fait de

---

(1) Zachariæ; Duranton, XII, no 365.
(2) Cour de Caen, 28 avril 1853 (Sir. 53, 1, 211); Cour de cass. 1852.

la restitution de la chose donnée en nantissement la puissance d'entraîner une présomption de libération (article 1286). De ce que le créancier rend au débiteur le meuble qu'il avait reçu en gage ou l'immeuble qui lui avait été donné en antichrèse (1), on ne peut en induire qu'une seule chose : c'est qu'il renonce à la garantie qu'il avait d'abord exigée ; mais rien ne prouve qu'il a renoncé à sa créance. Faisant encore application de cette maxime que le principal peut exister indépendamment de l'accessoire, nous déciderons que le créancier qui a accordé main levée de son hypothèque n'a pas nécessairement voulu pour cela faire remise de l'obligation qu'elle garantissait. Mais si, dans ces hypothèses, la présomption légale fait défaut, il n'en existe pas moins une circonstance qui pourra conduire ou, tout au moins, servir d'élément à cette présomption de l'homme que l'art. 1353 abandonne si sagement aux lumières et à la prudence des juges.

179. A propos de la remise du gage spécialement, nous tenons à faire observer que l'esprit du droit nouveau n'est pas si opposé qu'il peut le paraître aux principes de notre ancien droit coutumier, et que, notamment, la doctrine de Beaumanoir sur ce point peut très-bien se concilier avec celle de notre Code. Beaumanoir, se posant la question de savoir si la restitution du gage emportait remise de la dette, distinguait : cette remise existait, selon lui, quand on rendait le gage purement et simplement ; la dette n'était pas éteinte, au contraire, lorsque le créancier n'avait restitué le gage que pour en obtenir

---

(1) Art. 2072, Cod. Nap.

un autre offrant plus de garanties. Et dans les deux cas évidemment, le juge était souverain appréciateur des faits. Que dit maintenant l'article 1286? « La remise de la chose donnée en nantissement ne suffit pas pour faire présumer la remise de la dette. » Une simple réflexion fait tomber la contradiction qui semble exister entre la décision de ce texte et celle de Beaumanoir. Tout ce qu'il faut conclure, en effet, de notre article, c'est qu'il n'y a pas d'autre présomption légale de remise que celle qui résulte de la restitution du titre, en sorte que le juge qui, en ce dernier cas, est contraint de proclamer la libération, restera libre, aujourd'hui comme autrefois, en face de tout autre fait, de déclarer si la remise que le débiteur prétend en faire résulter existe ou non.

180. Et ceci nous amène à établir, à titre d'exemples, différents cas de remise tacite résultant de certains faits dont les tribunaux sont les souverains appréciateurs.

Toullier (1) rapporte, d'après Brunemann, une espèce intéressante qui rappelle celle de la fameuse loi Procula, dont il a été question dans la première partie de ce travail : un père avait prêté de l'argent à sa fille : il meurt longtemps après sans avoir rien réclamé à l'échéance et après avoir emprunté lui-même de la débitrice une certaine somme sans parler du prêt antérieur. La fille réclame la somme qu'elle avait prêtée et on prétend la compenser avec celle qu'elle avait empruntée auparavant. Elle répondit que son père lui en avait fait la remise, et il fut décidé, en ce sens, en déférant à la fille

___

(1) T. VII, n° 337.

le serment décisoire. La Cour de Caen (1) a, dans un arrêt, induit une remise tacite de deux circonstances : le silence gardé toute sa vie par un créancier au sujet d'une dette et l'existence entre les mains de son débiteur de plusieurs quittances, données sans réserve, de la créance antérieure. Les magistrats pourront, très-bien voir dans le fait de délivrance, sans réserves d'une quittance d'arrérages, une circonstance qui pourra faire présumer la remise d'arrérages antérieurs. Enfin, comme dernier exemple de remise de dette résultant de l'appréciation d'un fait, nous citerons un arrêt de la Cour d'Agen (2) décidant que le fils, créancier de son père, qui, lors d'un acte de partage fait par celui-ci entre ses enfants, n'élève aucune réclamation et renonce même à son hypothèque sur les immeubles échus à ses frères, est censé avoir abandonné sa créance.

SECTION II.

DES EFFETS DE LA REMISE DE LA DETTE.

181. L'effet direct de la remise est l'extinction de l'obligation (art. 1234) ; indirectement, les accessoires, notamment les priviléges et les hypothèques qui garantissaient la dette, s'éteindront avec elle (2180). A l'inverse, on peut renoncer aux priviléges et hypothèques en se réservant la créance. Il existe toutefois une diffé-

(1) Du 3 mai 1826.
(2) Du 14 juin 1837. *Journal du Palais*, 1840, I, p. 278.

rence dans les conditions de l'une et de l'autre renonciation : la remise de la créance n'existe qu'à la charge
de la part du débiteur d'une acceptation que ne néces-
site pas la renonciation au droit réel d'hypothèque.

182. Pothier distinguait deux différentes espèces
de remises qu'un créancier peut faire de sa dette : la
remise *réelle*, c'est-à-dire portant sur la chose même,
sur la dette, par opposition à la remise ou décharge personnelle, *quæ magis eximit* PERSONAM *debitoris ab obligatione quàm extinguit obligationem*. Le Code ayant omis
cette division pour s'attacher à un autre point de vue,
nous suivrons son exemple et nous parlerons des effets
produits par la remise de la dette, suivant que cette
remise sera tacite ou expresse.

§ 1.

Effets de la remise tacite.

183. La remise tacite résulte principalement, nous
l'avons vu, de la livraison du titre faite au débiteur par
le créancier : les effets de cette livraison peuvent être
envisagés à un double point de vue : en premier lieu, on
peut rencontrer, auprès du créancier qui a fait la remise,
d'autres personnes investies d'un droit égal au sien, et
il importe de savoir dans quelle mesure la remise du titre
opérée par l'un d'eux pourra produire ses effets à l'égard
des autres. En second lieu, nous devrons rechercher si
la livraison du titre, faite à un débiteur, profitera à

d'autres personnes intéressées à l'extinction de la dette, comme les débiteurs solidaires, les codébiteurs de choses indivisibles, les cautions.

184. I. *Existence de plusieurs créanciers.* — Quant aux créanciers solidaires, la remise faite par l'un d'eux, nous dit l'article 1198, ne libère le débiteur que pour la part de ce créancier ; mais cet article concerne une remise expresse. Or, comme le débiteur possède le choix de payer à l'un ou à l'autre, tant qu'il n'a pas été prévenu par les poursuites de l'un d'eux, la remise du titre original faite par l'un d'eux au débiteur le libère également et indistinctement à l'égard de tous. Il n'en est pas de cette livraison du titre original qui entraîne une présomption absolue de libération, comme d'une simple remise expresse, n'ayant d'autre cause qu'un esprit de libéralité envers l'un des débiteurs, et qui, dès lors, ne le libère que pour la part virile du créancier qui lui remet sa dette.

185. La livraison du titre faite par un des créanciers conjoints d'une obligation indivisible, sans mandat ni pouvoir des autres, ne vaut pas libération en faveur du débiteur à l'égard de ses cocréanciers : elle fait simplement preuve de la libération du débiteur à l'égard de celui qui a fait la remise et pour la portion qu'il a dans la dette ; les autres pourront, malgré la livraison du titre original, poursuivre le débiteur en paiement de leurs parts et cela pour deux raisons : premièrement, il n'est pas exact de dire que le titre original a été remis au créancier, puisque la créance se divise, en droit pur, entre plusieurs ; en second lieu, le débiteur, supposerait-on même qu'il a payé, n'a pas payé valablement entre les

mains d'un seul, puisque ce dernier n'était pas créancier de la totalité. Toutefois, le débïteur jouira d'un recours en répétition contre le créancier qui lui a livré le titre, car il existe contre lui une présomption de la libération du débiteur pour la totalité de la créance.

186. Remarquons cependant que si le débiteur avait accepté la livraison du titre original comme quittance, en considérant de bonne foi celui des créanciers qui la lui a faite comme étant en possession de la créance, il y aurait là contre tous les créanciers une preuve de sa libération, et aux termes de l'art. 1240, ce paiement fait de bonne foi au possesseur de la créance, sera valable, ce possesseur fût-il plus tard évincé.

187. II. *Existence de plusieurs coobligés.* — Quand une dette est commune à plusieurs codébiteurs et que la livraison du titre intervient entre l'un d'eux et le créancier, le point de savoir si la remise n'est faite que pour le profit personnel de ce débiteur, ou si elle l'est pour éteindre la dette elle-même et libérer tous les coobligés est une question d'intention pour la solution de laquelle on doit chercher à découvrir quelle a été la volonté du créancier. Le Code, par présomption de cette volonté, détermine lui-même dans l'art. 1284, les effets de la restitution du titre qui est faite à l'un des codébiteurs solidaires. Quelques docteurs pensaient autrefois (1) qu'il n'y avait, dans ce cas, qu'une présomption de la libération personnelle de celui à qui le titre avait été remis. Le Code a préféré, sur ce point, l'opinion de Pothier (2), qui pensait que cette remise devait avoir le

(1) Voir Brunemann, s. le Frag. 2, *De pactis.*
(2) *Tr. des obl.* 572.

même effet à l'égard des autres codébiteurs, parce que le créancier, s'il n'eût voulu éteindre la dette qu'envers l'un d'eux, aurait retenu le titre original ou la grosse, afin de pouvoir poursuivre les autres en paiement. Aussi, la restitution du titre produira, dans tous les cas, un effet absolu et identique pour tous les obligés : et cet effet sera pour tous la preuve de l'extinction de la dette, s'il s'agit du titre original, et la présomption de cette extinction, si c'est une grosse.

188. Les mêmes motifs qui ont déterminé le législateur à se décider comme il l'a fait dans l'art. 1284 en faveur des codébiteurs solidaires existant au cas de débiteurs conjoints non solidaires et même au cas d'un débiteur principal garanti par des cautions, nous appliquerons à ces diverses hypothèses le principe de notre article.

189. Observons que la présomption légale existe d'abord au profit du débiteur entre les mains duquel le créancier s'est dessaisi de son titre, et si elle s'étend aux autres coobligés, c'est par cette raison que la nature de l'obligation autorise ce débiteur favorisé à faire leur condition meilleure. Dès lors, ce débiteur pourra se prévaloir auprès d'eux, afin de les poursuivre, de la libération intervenue à son profit : il pourra d'abord alléguer une remise de dette personnelle, par laquelle le créancier a voulu lui ménager, comme s'il avait payé, un recours contre les autres pour leur part et portion, et dès lors ce sera aux autres coobligés qu'incombera la charge d'établir que le créancier a entendu faire une remise qui dût profiter à tous. Le débiteur libéré pourra, au conraire, s'il le juge préférable, appuyer sur une présomp-

8

tion naturelle l'allégation d'un paiement effectué à l'aide de ses deniers personnels, et si les autres coobligés prétendent qu'il y a eu simple remise de dette et que le possesseur du titre ne l'a point payée, c'est à eux d'en fournir la preuve par tous moyens. En effet, il n'existe au profit des coobligés qu'une présomption de libération par rapport au créancier, et ils ne sauraient l'étendre dans leurs rapports avec leur consort personnellement favorisé par la livraison du titre.

190. Là livraison du titre à l'un des débiteurs simplement conjoints sans que la dette soit solidaire ni indivisible, fait seulement preuve de sa libération pour sa portion virile et n'établit point à l'égard du créancier la libération des autres pour leurs parts personnelles. Et la raison en est facile à comprendre : ce débiteur est un tiers quant à ces dernières parts, et si le titre qui n'était pas susceptible d'une remise divisée lui a été livré, on peut supposer bien légitimement que ce n'a été qu'à la charge par lui de le communiquer au créancier lorsqu'il demanderait aux autres le surplus de sa créance.

191. Comme la loi ne trace aucune règle pour les autres cas de remise tacite ainsi obtenue par un seul des coobligés, ce sera au juge du fait de rechercher dans les circonstances, l'intention du créancier et de voir s'il y a eu remise de la dette elle-même ou seulement une décharge personnelle à l'obligé. Le juge trouvera des analogies naturelles dans les règles que nous allons exposer sur la remise expresse.

§ 2.

Effets de la remise expresse.

192. Les deux articles 1285 et 1287 opposent à la remise tacite, la remise ou décharge conventionnelle. Mais nous savons déjà que la remise tacite est tout aussi bien conventionnelle que la remise expresse : d'un autre côté, la remise *expresse* n'est pas toujours conventionnelle puisqu'elle peut se trouver dans un testament. Pour ce qui est du cas fort rare d'abdication absolue (1), cas dans lequel la remise pourrait bien être expresse, nous n'avons pas à nous occuper ici de ses effets, puisqu'elle ne peut, en vertu même de sa nature, s'opérer avec l'un des cooblígés, et qu'elle entraîne une libération absolue de tous les obligés à la fois, du moment qu'elle consiste dans l'abandon complet de la créance elle-même. Nous avons donc à parler de remise *expresse* et non pas de remise *conventionnelle*.

Ici, comme en matière de remise tacite, nous devons examiner d'abord dans quelle mesure la renonciation d'un créancier peut être opposée à ses cocréanciers, et rechercher ensuite de quelle manière la remise faite à un

---

(1) M. Marcadé admet ce second cas de renonciation unilatérale : selon lui, cette abdication absolue opère son effet, *ipso facto*, sans convention, à l'insu et même contre la volonté du débiteur; mais pour être admise, cette abdication, faite par le créancier dans le seul but de se dépouiller de son droit, devra se révéler ou par une déclaration explicite du créancier à cet égard, ou par des circonstances particulières. — (T. IV, *Expl. du Cod. Nap.* no 789.)

débiteur profitera soit à ses coobligés, soit aux autres personnes intéressées à l'extinction de la dette.

193. I. *Existence de plusieurs créanciers.* — D'après l'article 1198, nous l'avons déjà constaté, la remise expresse faite par l'un des créanciers solidaires au débiteur ne le libère que pour la part de ce créancier, et cela, contrairement à l'opinion de Pothier, qui reproduisait le principe de l'acceptilation romaine : *acceptilatione unius tota solvitur obligatio.* Et les rédacteurs du Code ont été conséquents avec eux-mêmes lorsque, dans l'article 1365 ils ont disposé, confirmant en cela le système de l'article 1198, que le serment déféré par l'un des créanciers solidaires au débiteur ne libère celui-ci que pour la part de ce créancier. En vain on opposerait contre la théorie de la loi, qu'il sera facile au créancier solidaire de faire remise au débiteur pour le tout, en lui donnant quittance comme s'il en avait reçu un paiement ; car alors l'autre créancier solidaire sera admis à établir par tous moyens de preuves, que ce paiement ne fait que déguiser une remise totale, ce qui, au cas d'insolvabilité de son créancier, lui permettra de recourir contre le débiteur solvable : ce recours, nous le savons, ne lui serait pas ouvert, si un paiement du total avait été effectué.

194. De même que dans le cas de remise tacite, nous déclarerons que l'un des créanciers d'une chose indivisible ne peut seul faire remise de la totalité de la dette, en rappelant toutefois qu'une telle remise ne serait pas dénuée de tout effet et qu'elle vaudrait pour la part du créancier qui l'a accordée, mais de manière à ne pas porter atteinte aux droits de l'autre créancier.

195. II. *Existence de plusieurs coobligés.* — Quand la remise expresse faite à l'un des codébiteurs solidaires n'établit pas quelle a été l'intention du créancier, le Code, en se basant sur ce principe que la solidarité fait de chacun des codébiteurs le mandataire et le représentant de tous les autres, décide comme Ulpien en droit romain, en matière d'acceptilation (1) , et contrairement à Pothier (2), qu'à défaut de déclaration formelle du contraire il y aura toujours extinction absolue de la dette, et, dès lors, libération absolue de tous les débiteurs. Dès lors c'est au créancier qui ne veut pas renoncer à ses droits d'une manière si complète, de réserver expressément les droits dont il n'entend pas faire la remise ; l'art. 1285 s'explique formellement sur ce point. Si cette réserve doit être expresse, il n'existe néanmoins aucune forme sacramentelle en laquelle elle doive rigoureusement être exprimée : elle doit résulter clairement des termes de la remise convenablement interprétés : ainsi, la remise faite simplement d'une part contient par cela même réserve du surplus.

196. Il importe de ne pas confondre la décharge conventionnelle dont parle notre art. 1285, avec la remise de solidarité. La simple renonciation expresse ou tacite au bénéfice de la solidarité, entraîne seulement la division de la dette à l'égard du débiteur au profit duquel elle existe, sans emporter pour cela la libération des codébiteurs. Si, par exemple, la dette était de 20,000 fr.

---

(1) Fr. 16, *De accept.* au Digeste.
(2) *Tr. des obl.*, 575, 280 et suiv. On peut dire qu'ici le Code s'est écarté à tort de la théorie romaine sur le pacte *de non petendo,* pour s'attacher à celle de l'acceptilation.

avec quatre débiteurs solidaires, le créancier, après la remise de solidarité faite à l'un d'eux, ne conservera son action contre ce dernier que pour 5,000 francs, tandis qu'il la conservera pour 20,000 francs contre chacun des trois autres.

197. Sans entrer dans les détails de la remise de solidarité, nous ne pouvons nous empêcher de résumer ses principaux effets et de mentionner, lorsqu'elle n'est pas expresse, les principaux faits desquels on peut la déduire. Le créancier qui consent à la remise de la solidarité ne sacrifie rien de sa créance, mais il abandonne un avantage considérable : le droit de poursuivre pour le tout chacun des débiteurs. Si le créancier renonce entièrement à la solidarité vis-à-vis de tous les débiteurs, il n'existera plus que des débiteurs conjoints, chacun n'étant tenu que pour sa part. S'il y a eu remise de la solidarité faite à l'un des obligés, il est permis au créancier d'exiger de lui sa part, mais il n'a le droit de réclamer des autres la totalité de la dette que déduction faite de la part de celui qui a été déchargé de la solidarité (art. 1210).

198. La remise de la solidarité est présumée dans plusieurs cas ; nous en citerons trois principaux : il y a présomption légale de remise de la solidarité, quand un créancier recevant de l'un des débiteurs solidaires une somme égale à la portion dont il est tenu, lui donne quittance *pour sa part*. Le second cas avait donné lieu à une vive controverse dans l'ancien Droit. Y a-t-il présomption de remise de solidarité, se demandait-on, par cela seul que le créancier avait fait commandement à l'un des codébiteurs solidaires de payer telle somme *pour sa part*, ou l'avait assigné pour payer sa part dans la dette? S'ap-

puyant sur la constitution 18, au Code, *de Pactis*, Balde se prononçait, par analogie, pour l'affirmative. Bartole et Pothier décidaient que la présomption en question n'existait pas dans ces hypothèses, et ils fondaient leur décision sur le fragment 8, § 1 *de legatis* 1° au Digeste. Le Code a adopté cette dernière opinion (art. 1211 *in fine*), mais en la fondant sur le motif particulier que voici : pour remettre une dette, il faut le consentement de deux parties ; dans le cas prévu par conséquent, la remise de la solidarité n'existera qu'après l'acquiescement ou la condamnation du débiteur : la sentence de condamnation supplée, pour la remise de la solidarité, à l'acceptation du débiteur : *judicio quasi contrahimus*. Enfin, dans un troisième cas, la présomption de remise de la solidarité résulte du fait que le créancier d'un capital a reçu séparément pendant dix ans, la part de l'un de ses débiteurs solidaires dans les arrérages de ce capital. Ici la force de la présomption se tire de la multiplicité des paiements divisés et de la diversité des temps où ils ont été faits.

199. Lorsque le créancier, en accordant la remise à l'un des codébiteurs solidaires, a expressément réservé ses droits contre les autres, il aura toujours une action contre ceux-ci, mais sous la déduction de la part du premier. Si, en effet, cette part n'était pas déduite, la remise ne produirait aucun résultat, puisque les codébiteurs non déchargés auraient, après avoir payé la totalité de la dette, un recours à exercer contre celui auquel la remise avait été accordée. Dans l'espèce que nous venons de poser tout à l'heure, la créance, après une telle remise faite à l'un des quatre codébiteurs solidaires, ne sera plus que de 15,000 francs et il n'y aura plus de

solidarité entre les trois autres que pour ces 15,000 francs. Si l'un de ces derniers devenait insolvable, la portion que le codébiteur déchargé aurait dû supporter dans cette insolvabilité (art. 1214) se trouvera nécessairement perdue par le créancier, car il est évident qu'il ne pourra la répéter contre les deux autres codébiteurs en vertu du principe que la remise faite à l'un des coobligés ne peut jamais aggraver la position des autres.

200. Nous avons supposé, dans l'exemple ci-dessus, que le calcul de la portion du codébiteur ne présentait pas de difficulté. Mais il peut se faire que le débiteur ait dans la dette une part réelle autre que la part virile, par exemple, si de nos quatre coobligés, deux seulement sont débiteurs véritables, tandis que les deux autres, quoique débiteurs ordinaires par rapport au créancier, ne sont obligés que dans l'intérêt des premiers. Devrons-nous, dans le cas d'une remise faite à l'un de ces deux premiers *pour sa part*, entendre cette clause de *sa part réelle*, c'est-à-dire de la moitié de la dette, ou seulement de sa part virile et apparente, c'est-à-dire du quart ? C'est là évidemment une question d'intention à décider d'après les circonstances. S'il apparaît que le créancier, connaissant la position respective des obligés entr'eux, a entendu parler de la part *réelle* du codébiteur, la remise aura lieu pour cette part réelle. Si, au contraire, il est démontré que cette répartition différente de la dette entre les codébiteurs était ignorée de lui, ou que, la connaissant bien, il n'a pas voulu la prendre en considération, seule la part virile sera remise. Et il importe de noter ici l'erreur dans laquelle M. Delvincourt est tombé au sujet de l'étendue de la remise dans notre hypothèse : cet

auteur enseigne que la remise s'étendra nécessairement à
toute la part réelle, toutes les fois que le créancier aura
connu la position respective des débiteurs et qu'elle ne
se restreindra à la part virile que quand il ignorait cette
position. M. Larombière (1) démontre très bien la fausseté de ce système dans lequel on ne tient nullement
compte de la volonté du créancier. Je suppose, dit
M. Larombière, que le créancier accorde décharge conventionnelle à celui des codébiteurs que la dette, à sa
connaissance personnelle, concerne en réalité pour le
tout, et que néanmoins, tout en faisant cette remise, il
réserve ses droits contre les autres qui ne doivent être
considérés, par rapport à lui, que comme des cautions
(art. 1219) : si l'on entend la remise de la totalité, la
réserve de ses droits contre les coobligés faite par le
créancier n'a plus de sens ; or, il convient d'interpréter
cette réserve de manière à lui faire produire quelque
effet, et elle n'en produira que si l'on entend la décharge
expresse seulement de la part virile et égale du codébiteur solidaire que la totalité de la dette concernait seul :
le créancier, par les termes mêmes de sa réserve, exprime
clairement la pensée de ne pas accorder une remise
entière et absolue (2). Ainsi, il ne suffit pas, pour que la
remise porte sur la part réelle de l'obligé, que le créancier ait connaissance de la répartition de la dette entre
les codébiteurs solidaires : il faut qu'à cette connaissance
se joigne la volonté d'éteindre la dette pour cette part
réelle et c'est seulement d'après les circonstances que

(1) T. III, *Tr. des obl.* p. 607.
(2) Toullier, t. VII, p. 398 ; Marc. t. IV, p. 609 et 610.

l'on jugera de cette volonté. Nous irons plus loin : dans le doute sur l'intention du créancier, on devra se décider pour une remise de la part virile et apparente puisque, au regard du créancier, les débiteurs et leurs cautions sont tous des débiteurs solidaires ordinaires.

201. Il importe beaucoup d'examiner attentivement le caractère de la remise et de rechercher si dans l'intention du créancier cette remise, soit qu'elle ait lieu à titre onéreux ou à titre gratuit, doit avoir pour résultat de subroger le codébiteur auquel le créancier l'accorde aux droits résultant de la créance, sauf à lui à les faire valoir contre les autres codébiteurs, absolument comme s'il y avait eu de sa part un véritable paiement. La remise ou décharge expresse ne profite aux autres coobligés que lorsqu'il n'est pas établi qu'un recours a été réservé contre eux, au profit de celui qui a reçu cette remise (1).

202. Dans le cas où la remise expresse est faite à l'un de plusieurs débiteurs non solidaires, la présomption légale de l'article 1285 cesse d'être applicable, et l'on devra apprécier l'intention du créancier d'après ses termes interprétés par les circonstances de l'affaire.

203. Occupons-nous actuellement des effets de la remise expresse vis-à-vis des obligés accessoires.

Dans le cas d'une dette cautionnée, la remise faite au débiteur libère toujours et nécessairement les cautions en vertu du principe que l'accessoire ne saurait exister là où n'existe plus le principal. Par la raison inverse, il est clair qu'en principe, la remise faite à la caution ne

(1) Duranton, XI, n° 227.

saurait libérer le débiteur principal. Il peut toutefois
résulter soit des termes formels d'un acte, soit des circonstances dans lesquelles il s'est accompli, que la
remise, quoique ne s'adressant qu'à la caution, a vraiment porté sur la dette elle-même : une telle remise ne
serait plus personnelle à la caution et libérerait aussi
bien le débiteur principal que cette caution.

204. L'article 1287 nous apprend que quand il y a
plusieurs cautions, la remise faite à l'une d'elles ne
libère pas les autres. Accordée à une caution, la remise
n'est jamais qu'une décharge de son cautionnement
individuel, et le créancier est censé se réserver les parts
des autres cooblligés : tel est le sens de notre article, et
il ne faut pas croire, comme les expressions de son texte
semblent l'indiquer, que la décharge d'une caution soit
sans effet à l'égard des autres cautions, et qu'elle laisse
subsister contre elles une obligation aussi étendue qu'auparavant : le créancier devant à ses cautions subrogation
à ses droits et étant responsable envers elles de la perte
ou de la diminution de ses actions, il ne peut poursuivre
les autres débiteurs non déchargés, fussent-ils solidaires
(art. 1285, 2e alin.), que sous la déduction de la part
pour laquelle ils auraient eu à exercer un recours contre
le cofidéjusseur, si ce dernier n'avait reçu le bénéfice de
la décharge, c'est-à-dire de sa part virile dans la dette
et de sa part contributive dans les insolvabilités (1). Nous
ne voulons donner qu'un seul motif, mais tout-à-fait
péremptoire, de la nécessité de cette réduction du cau-

---

(1) Toullier, VII, n° 331 ; Duranton, t. XII, n° 375 ; Aub. et Raus. Zachariæ, t. II, p. 404 ; Mourlon, *Subrog.* p. 513 ; Marcadé, t. IV, p. 612.

tionnement par la décharge de l'une des cautions, même sans solidarité et en dehors de l'art. 1285. L'art. 2037 déclare, que lorsque le créancier a rendu impossible la subrogation aux droits accessoires qui garantissaient sa créance, le cautionnement cesse : or, en déchargeant l'une des cautions, le créancier rend évidemment impossible la subrogation au droit de poursuite contre cette caution pour cette part. Donc, quant à elle, il y a extinction du cautionnement.

205. Ainsi, nous devons nous méfier de cette proposition de l'art. 1287, que la remise accordée à l'une des cautions ne libère pas les autres : sans doute, elle ne les libère pas de leurs parts dans le cautionnement, mais elle les libère de la part de la caution déchargée. Si cette proposition a été ainsi rédigée, cela tient à ce que, lors de la discussion de l'article, les rédacteurs avaient, sur les obligations et les droits des cautions entre elles, des idées qui n'ont pas été consacrées plus tard au titre du *Cautionnement*, et qui se résument dans ces paroles de M. Cambacérès : Les cautions ne sont pas cautions entre elles : l'engagement de l'une n'a aucun rapport avec l'engagement de l'autre (1). Il est cependant un cas particulier dans lequel ces idées émises au Conseil d'État, sont restées exactes ; on devra donc, quand il se présentera, faire une application rigoureuse de la règle que la décharge d'une caution ne libère pas les autres ; ce sera lorsque la caution déchargée s'est obligée par un acte

---

(1) Delvincourt, II ; Toullier, VII, n° 331 ; Duranton, XII, n° 375 ; Aub. et Rau s. Zachariæ, II, p. 404.

postérieur à l'engagement des autres, de sorte que celles-ci n'ont jamais pu compter sur elle (1).

206. La caution qui a été l'objet d'une remise par le créancier peut quelquefois exercer un recours contre le débiteur et les autres cautions. Le créancier, sans avoir rien reçu, peut, dans l'intention de gratifier la caution, vouloir la subroger à ses droits et actions : il énoncera, par exemple, un paiement par une quittance ou exprimera une cession d'actions. La caution, dans ce cas, a reçu du créancier ses actions sous la forme d'un acte légalement suffisant pour valoir comme cession et subrogation : elle pourra dès lors, comme si elle avait payé, recourir contre le débiteur ou les autres cautions, sans que ces obligés puissent prétendre qu'il n'y a pas eu de paiement. Un recours contre le débiteur sera encore possible à la caution qui a obtenu sa remise à titre de rémunération pour des services appréciables qu'elle a rendus au créancier. Seulement, comme le recours ne constitue ici qu'une demande d'indemnité, une action en recouvrement d'impenses, nous déciderons que, dans le cas de remise à titre onéreux, si le sacrifice quelconque en échange duquel la remise a été consentie avait une valeur moindre que le montant de la dette, ce serait seulement pour cette valeur que le recours pourrait s'exercer (2).

207. Hors ces cas, la caution à laquelle une simple remise a été accordée à titre de libéralité, n'a à exercer aucun recours comme n'ayant rien déboursé, ni libéré

(1) Poth. *Obl.* 581 ; Dur. XII, 375 ; Marcadé, IV, n⁰ 809.
(2) Poth. *Obl.* n⁰ 431 ; Troplong, *Cautionn.* n⁰ 335.

personne (1). Et gardons-nous bien de confondre la
remise gratuite du cautionnement avec le don de la
créance qui investit celui qui le reçoit, des droits que le
créancier donateur avait contre tous les coobligés. Dans
ce cas, l'action du donataire ne constitue pas un recours :
c'est l'exercice pur et simple des droits résultant d'une
créance qui a continué d'exister. Et, puisque nous
sommes en présence d'une donation, il est clair que les
effets dont nous venons de parler ne seront produits
qu'autant que les formes spéciales des dispositions à titre
gratuit auront été employées.

208. Remarquons que, dans les cas de remise tacite
autres que la remise par restitution du titre, la seule
prévue par le Code, on ne pourra, en appliquant les
règles de la remise expresse que nous venons de parcourir, exiger du créancier une réserve nettement for-
mulée. Du moment que nous supposons une remise qui
n'a rien d'exprès, la décharge d'un codébiteur solidaire
n'aura d'effet que pour sa part, malgré l'absence d'une
réserve formelle.

209. Avant de passer à l'examen de la remise du
cautionnement moyennant un prix, suite bien naturelle
des développements que nous venons de consacrer aux
effets de la remise ordinaire faite au débiteur principal ou
aux obligés accessoires, il nous paraît intéressant d'indiquer, en peu de mots, les conséquences, en matière
d'effets de commerce, des principes que nous venons de
poser.

En matière commerciale comme en matière civile, nous

(1) Marcadé, t. IV, n° 810.

nous trouvons en présence de cette idée fondamentale que la remise de la dette fait cesser les obligations qui découlent du titre. Si donc la remise est faite au tireur ou au souscripteur, elle empêche tout recours du porteur contre les endosseurs, car ces derniers sont des cautions solidaires (1). Ainsi, la Cour de cassation a jugé que celui qui a déchargé le tireur de traites de tout recours de la part du porteur peut être déclaré non recevable à agir en paiement de ces traites à l'encontre d'autres endosseurs signataires de ces effets que le tireur était tenu de garantir. Cependant, en présence de l'art. 2021 C. N., nous pensons que si le porteur en accordant la remise au tireur s'est réservé ses droits contre les endosseurs, nous devrons traiter les endosseurs comme des codébiteurs solidaires et leur appliquer l'art. 1285 (2). Quand la remise est faite à l'accepteur, le tireur et l'endosseur doivent en profiter, et l'art. 1287 est pleinement applicable, car le tiré accepteur est obligé principal par rapport au porteur, le tireur et les endosseurs n'étant que cautions solidaires; sans cela, la remise serait de nul effet, par suite du recours que ne manqueraient pas d'exercer, à l'encontre de l'accepteur, le tireur et les endosseurs, s'ils n'étaient pas libérés.

210. En cas de remise faite à l'un des endosseurs, les endosseurs postérieurs sont libérés, car ils ne sont que les cautions de ceux qui les précèdent, et comme cette remise met obstacle à leur recours, ils pourront s'en prévaloir. Quant aux autres obligés, le tireur, le sous-

(1) Art. 118, 140, Cod. de comm.
(2) Arrêt du 11 fév. 1817 (Sir. 18, 1, 1).

cripteur, les endosseurs antérieurs, l'accepteur, ils ne peuvent opposer la remise, puisqu'ils sont débiteurs principaux dans leurs rapports entre eux et les endosseurs subséquents.

211. Par suite de ces mêmes principes, la remise faite au donneur d'aval ne profite pas au tireur et aux endosseurs antérieurs à l'aval, mais elle peut être invoquée par les endosseurs postérieurs.

212. Remarquons que suivant un arrêt de la Cour de Paris (1), le tiers porteur qui, après protêt, accorde volontairement une prorogation au souscripteur, avec remise des intérêts jusqu'à l'expiration du terme ainsi prorogé, perd son recours contre l'endosseur. Car la remise de ces intérêts opère une véritable remise de la portion de la dette et doit par suite emporter la décharge de la caution.

Il ne faut pas oublier que, par dérogation à la loi civile le Code de commerce ne considère pas la livraison du titre comme opérant la libération du débiteur : il laisse aux juges le soin de déterminer les conséquences qu'entraîne cette livraison.

213. Terminons notre section par le développement de l'art. 1288 qui s'occupe de la *remise du cautionnement moyennant un prix*.

Une vive controverse s'était élevée, dans notre ancien droit, sur la question de savoir si le créancier d'une dette garantie par une caution pouvait licitement recevoir de cette caution pour la décharge de son cautionnement une somme non imputable sur la dette et constituant unique-

---

(1) Du 4 août 1842. Dalloz, Rép. v⁰ *Effets de comm.*

ment le prix de la décharge. Suivant Dumoulin (1), à
l'opinion duquel se rallia Pothier (2), cet arrangement
était permis dans le cas où, au moment de la décharge,
il y avait lieu de craindre l'insolvabilité du débiteur ; car
alors, la somme ainsi donnée par la caution se trouvait
être le juste prix des risques que le créancier prenait à
sa charge. Il y avait, en un mot, un véritable contrat
aléatoire dans lequel le créancier, en se soumettant à la
chance de perdre à la place de la caution, avait bien le
droit de ne le faire qu'en stipulant un gain. Les adversaires de ce système prétendaient qu'une telle stipulation
était contraire à la nature du contrat de cautionnement,
dont le but est simplement de garantir au créancier son
paiement; une fois rentré dans ses fonds, le créancier ne
peut rien exiger au-delà. Les rédacteurs du Code ont
rejeté l'opinion de nos deux grands jurisconsultes et ont
adopté, après de vives discussions, l'art. 1288 disposant
que : « Ce que le créancier a reçu d'une caution pour la
décharge du cautionnement doit être imputé sur la dette
et tourner à la décharge du débiteur principal et des
autres cautions. » On a justement critiqué cette disposition (3). Est-ce l'usure qu'elle empêche et proscrit? Mais
il est manifeste, comme l'ont dit Pothier et Dumoulin,
que la somme payée par la caution pour sa décharge
n'est que le risque d'un prix sérieux d'insolvabilité qui
passe sur la tête du créancier : or, il est contraire à
l'équité que, dans un contrat aléatoire, le contractant
puisse, sans équivalent, supporter tous les risques.

---

(1) *De usur. quæst.* 34.
(2) *Tr. des obl.* 581, 582.
(3) **Duranton,** t. XII, n° 379.

Dira-t-on que l'art. 1288 prévient la fraude entre le créancier et la caution qui s'entendraient pour que la somme payée ne fût pas imputée sur la dette ? Il est évident que cette fraude est impossible, car si la caution n'impute pas sur la dette le prix de la décharge, elle en demeure personnellement chargée, et dès lors n'a aucun recours à exercer contre les fidéjusseurs puisqu'elle ne les a pas libérés. L'intérêt personnel de la caution est donc ici la meilleure garantie contre cette prétendue fraude.

214. Selon nous, la seule raison sérieuse que l'on puisse invoquer en faveur de la disposition sévère de l'art. 1288, c'est que le législateur a voulu éviter les débats et les difficultés qu'aurait souvent soulevées l'appréciation des risques d'insolvabilité : il a pensé que le créancier, sans motif sérieux, aurait pu amener la caution à quelque sacrifice par la menace de poursuites rigoureuses, de frais considérables. Constatons seulement qu'il est fâcheux que, pour avoir voulu éviter un mal, on soit tombé dans un autre : en effet, la disposition de notre article, en apparence si favorable aux cautions, leur sera le plus souvent préjudiciable, puisque le créancier qui ne peut décharger la caution qu'à titre gratuit, se gardera bien de se départir ainsi de son avantage : il aimera mieux le plus souvent conserver sa caution que la décharger moyennant une somme toujours imputable sur la dette. Voilà comment la loi, par une disposition qui semble protectrice, oppose un obstacle réel à ce que les cautions soient jamais dégagées de leur cautionnement. Toutefois, un conseiller d'Etat, M. de Ségur, leur a donné l'indication d'un moyen bien simple d'échapper à l'empire de

l'art. 1288. « Cette disposition sera, dit-il, facilement éludée : si le créancier manque de délicatesse, il recevra le prix moyennant lequel il relâche la caution et n'exprimera dans l'acte qu'une remise pure et simple. » Ainsi donc, d'une part, l'inutilité de notre texte qu'on peut violer si facilement, de l'autre les fâcheux résultats de son application nous font vivement regretter que la décision aussi sage qu'équitable de nos deux plus grands jurisconsultes de l'ancien droit, au sujet de la remise du cautionnement moyennant un prix, ait été rejetée comme *spécieuse* et basée sur des motifs *illusoires* (1).

215. Cependant la loi est certaine et doit être observée. Et qu'on n'essaie pas de soutenir que le texte de l'art. 1288 ne renferme qu'une présomption d'intention qui tomberait devant la certitude d'une intention contraire. Le législateur a écrit notre article pour proscrire l'ancienne doctrine de Pothier : cela ressort d'une manière évidente de la discussion de l'article au Conseil d'Etat (2). Ainsi, en vain le créancier stipulerait en déchargeant sa caution que ce qu'il reçoit comme prix de sa décharge ne viendra pas en déduction de sa dette. Les dispositions de l'art. 1288, conçues dans une pensée qui tient aux principes d'ordre et d'intérêt publics sont impératives et prohibitives de toutes stipulations contraires.

216. C'est donc par voie de conséquence que la somme payée par la caution tourne à la décharge du débiteur principal et des autres cautions. Le créancier doit donc

---

(1) Expressions de M. Bigot-Préameneu et du tribun Mouricault.
(2) Fenet, XIII, p. 87 et 88.

la déduire du montant de la dette, quand il poursuit le débiteur principal en paiement. S'il poursuit les autres fidéjusseurs, il doit également la déduire, qu'ils réclament ou non le bénéfice de division, en commençant par l'imputer sur la part virile, dans le montant intégral de la dette, de la caution déchargée.

247. La caution déchargée a pour tout ce qu'elle a payé un recours à exercer contre le débiteur principal et seulement pour leurs parts viriles dans la dette contre tous les autres fidéjusseurs. Enfin, dans l'exercice de ce recours, elle est légalement subrogée aux droits du créancier, comme si elle avait payé purement et simplement par imputation sur la dette.

Dans les cas où le créancier a reçu l'intégralité de sa créance, soit que le débiteur n'ait pas voulu diviser l'exécution de son engagement, soit que le créancier ait exigé le paiement sans déduction d'une dette indivisible, la caution aura contre ce créancier l'action en répétition de l'indu, pour se faire restituer ce qu'elle a payé pour sa décharge. Par suite, cette caution, loin d'avoir un recours contre les débiteurs ou les autres cautions qu'elle n'a en rien libérés, se trouve au contraire soumise à un recours de leur part.

CHAPITRE II.

DE LA REMISE DE LA DETTE CONSIDÉRÉE COMME MODE D'EXÉCUTION D'UNE LIBÉRALITÉ.

248. Presque toujours, la remise d'une dette consentie par un créancier à son débiteur est opérée à titre

gratuit et constitue ainsi une véritable libéralité qui, nous l'avons déjà dit, n'est pas soumise aux règles de *forme* exigées pour les donations, par la raison bien simple que la remise de la dette n'appartient pas à cette classe d'actes. Elle ne consiste pas, en effet, dans l'attribution et la transmission d'un droit, mais au contraire dans l'anéantissement de ce droit, dans la renonciation qu'en fait le maître. En elle, il n'y a aucune translation d'un droit quelconque, aucune *datio* ; mais comme, en définitive, le créancier enrichit le débiteur en s'appauvrissant, et lui procure, à ses dépens, un avantage réel, nous devrons appliquer à un pareil acte les règles de *fond* qui régissent les donations, c'est-à-dire les règles relatives à la capacité nécessaire pour disposer et recevoir à titre gratuit, ainsi que celles qui concernent le rapport, la réduction et l'irrévocabilité des libéralités. Le développement de cette matière va faire l'objet de trois paragraphes.

§ 1er.

De la capacité de faire ou recevoir une remise de dette.

219. En matière de libéralités, la capacité est la règle et l'incapacité l'exception ; tel est le principe posé par l'art. 902 du Code Napoléon. L'exception n'existe qu'à la condition d'être formellement énoncée dans la loi. Donc, en thèse générale, nous dirons que tout créancier peut faire une remise de dette, et que tout débiteur peut

l'accepter. Il nous reste dès lors à rechercher, non pas quelles personnes sont capables, mais quelles personnes ne le sont pas. Avant d'entrer dans tous les détails, il est bon d'observer que les incapacités sont ou absolues ou relatives, suivant qu'elles sont ou non indépendantes des relations existantes entre le créancier et le débiteur.

220. Plaçons-nous d'abord dans l'hypothèse où la remise de dette contient une donation entre-vifs, et voyons quels sont les créanciers incapables de la consentir.

Aux termes de l'article 903 du Code Napoléon, le mineur émancipé ou non (art. 484) ne peut aucunement disposer ; il ne pourra point, par conséquent, accorder une remise de dette à son débiteur, sauf dans le cas exceptionnel où, par contrat de mariage, le mineur voudrait avantager son futur conjoint. Assisté, dans ce cas, des personnes dont le consentement est requis pour la validité du mariage, il peut donner, et, par suite, dégager son futur conjoint de l'obligation dont celui-ci était tenu envers lui.

221. L'interdit judiciairement est inhabile à consentir une remise (art. 502, Cod. Nap.) ; dans le cas où cette remise aura été faite antérieurement à l'interdiction, on pourra, aux termes de l'art. 503, en obtenir l'annulation, si l'on parvient à prouver qu'au moment auquel elle a été consentie, la cause de l'interdiction existait notoirement. L'art. 504 restrictif de la faculté d'attaquer, après son décès, les actes d'un individu, ne s'appliquant qu'aux actes à titre onéreux, nous en conclurons que, aux termes de l'art. 901, les héritiers du créancier auront le droit de faire rescinder la remise consentie dans

un moment d'insanité d'esprit. L'art. 509 défend aux personnes investies par la loi d'un pouvoir de protection en faveur de l'interdit, de libérer ses débiteurs au moyen d'une remise : cette règle souffre une exception dans le cas où l'on voudrait affranchir un enfant de l'interdit de sa dette vis-à-vis de son père, soit à titre de constitution de dot, soit en avancement d'hoirie : le conseil de famille de l'incapable tire alors de l'art. 511 le droit d'accorder au débiteur la remise de son engagement.

222. La remise de la dette pourrait être également frappée de nullité, dans le cas où elle aurait été consentie par un créancier détenu dans une maison d'aliénés. L'article 39 de la loi du 30 juin 1838 ne laisse aucun doute à cet égard.

223. En nous fondant sur l'art. 3 de la loi du 31 mai 1854, nous dirons que la remise de la dette faite par une personne condamnée à une peine afflictive et perpétuelle, est radicalement nullè. Quant au condamné à une peine afflictive et infamante, qui, nous le savons, est placé par l'art. 29 du Code pénal en état d'interdiction légale, il ne doit pas, à l'aide de libéralités se traduisant par des remises de dettes, avoir la faculté de se procurer des adoucissements à sa peine ou de se créer des moyens d'évasion. Aussi, bien que sa peine ne soit que temporaire, l'esprit de la loi, en même temps que son texte, nous déterminent à penser que la remise de dette que ce condamné aura consentie devra nécessairement être frappée de nullité absolue.

224. Quant aux prodigues et aux faibles d'esprit, les art. 499 et 513 leur défendent de faire seuls des actes à titre gratuit ; ce ne sera donc qu'avec l'assistance de

leur conseil judiciaire qu'ils pourront libérer gratuitement leur débiteur.

225. Enfin, les termes formels de l'art. 905 renferment, quant à la femme mariée non autorisée de son mari ou de justice, même séparée de biens, une prohibition de renoncer gratuitement en faveur de son débiteur au droit de créance qu'elle possède contre lui.

226. Parcourons maintenant les divers points de vue de notre seconde hypothèse, c'est-à-dire de celle dans laquelle la remise de la dette est contenue dans un testament.

Ici, nous devons reconnaître qu'en thèse générale, les restrictions apportées à la faculté de disposer sont moins nombreuses. Ainsi, le mineur qui a accompli sa seizième année peut gratifier son débiteur en l'affranchissant de son obligation, pourvu toutefois qu'il limite l'effet de sa générosité à la moitié des biens dont, s'il eût été majeur, il aurait eu la libre disposition (art. 903-904 C. Nap.). La capacité de la femme mariée est encore plus grande que celle du mineur quand il s'agit de disposer par testament : elle peut donc, sans tenir compte du régime matrimonial qui règle les rapports pécuniaires des époux, sans autorisation ni du mari, ni de justice, faire à son débiteur remise de la dette en lui léguant sa complète libération (art. 226).

227. Quant à la remise testamentaire émanant d'un interdit judiciairement ou d'une personne enfermée dans une maison d'aliénés, elle est sans valeur comme le testament qui la renferme, car l'interdit est censé privé de sa raison d'une manière absolue, et l'art. 502 ne fait aucune distinction en déclarant nuls tous les actes faits

pendant l'interdiction. Si l'interdiction ou le placement dans une maison d'aliénés survenus après la confection du testament le laissent intact, parce que la jouissance d'un droit survit à la suppression de son exercice, la remise de la dette contenue dans l'acte de dernière volonté de celui dont l'interdiction n'a été ni prononcée, ni même provoquée, pourra néanmoins être anéantie sur la preuve bien établie de l'insanité d'esprit de son auteur (art. 901).

228. Les personnes frappées d'une peine afflictive et perpétuelle ne peuvent faire par acte de dernière volonté une remise de dette qui serait aussi nulle que le testament qui la renfermerait : ces condamnés ont, en effet, perdu et la jouissance et l'exercice du droit de tester. Nous pensons que les condamnés à une peine afflictive temporaire qui se trouvent en état d'interdiction légale (art. 29 Cod. pén.), mais dont la position n'a pas été aggravée par la privation de certains droits, peuvent valablement tester, et, par suite, faire à leur débiteur le legs de sa libération : les motifs qui ont déterminé le législateur à leur ôter le droit de disposer gratuitement entre-vifs, motifs que nous venons de mentionner tout-à-l'heure, n'existent plus dans notre hypothèse.

229. Quant aux prodigues et aux faibles d'esprit, nous ne voyons pas que les articles 499 et 513 leur enlèvent la faculté de libérer leur débiteur par testament.

Nous n'avons parlé jusqu'ici que des incapacités résidant chez le sujet actif de la remise de la dette ; nous avons à parcourir actuellement les nombreuses incapacités qui peuvent empêcher le sujet passif de cet acte, d'être, par lui, libéré de son obligation.

230. La règle générale que nous faisons découler de l'article 906, c'est que, pour pouvoir être affranchi de la dette à titre gratuit, il faut que le débiteur soit conçu ou au moment de l'acceptation de l'offre du créancier, ou au moment du décès de celui-ci, selon que sa libéralité résulte d'un acte entre-vifs ou d'un testament. En outre, l'une ou l'autre disposition n'a d'effet que si l'enfant débiteur naît viable.

231. S'il s'agit d'un mineur non émancipé, la remise de la dette, à lui faite, ne sera valable qu'autant qu'elle aura été acceptée par le tuteur, autorisé du conseil de famille (art. 463). Si le mineur est émancipé, comme l'acceptation d'une remise de dette ne constitue pas un acte de pure administration, il lui faudra, pour recevoir cette remise, et l'assistance de son curateur et l'autorisation du conseil de famille (art. 484).

232. Quant à l'interdit judiciairement, il est placé sur la même ligne que le mineur émancipé. Le débiteur, pourvu d'un conseil judiciaire parce qu'il est prodigue ou faible d'esprit, est capable de recevoir seul sa remise, car la loi ne l'en empêche nullement.

233. Privé par la loi du 31 mai 1854, art. 3, du droit de recueillir une libéralité, le condamné à une peine afflictive perpétuelle ne peut être gratifié par son créancier de la libération de sa dette.

234. Reste encore un cas d'incapacité absolue : celle de la femme mariée; l'article 217 du Code Napoléon, déclare que la femme même non commune et séparée de biens, c'est-à-dire sous le régime où ses pouvoirs sont les plus larges, ne peut recevoir de libéralité et par

suite une remise de dette, sans l'autorisation de son mari ou de justice.

235. Nous n'avons plus, en terminant notre paragraphe, qu'à parler des incapacités relatives en matière de remise de dette, incapacités qui dérivent au préjudice de ceux qui en sont frappés soit de circonstances déterminées, soit d'une fonction actuelle ou passée. Ainsi, le mineur qui a seize ans accomplis ne peut pas, par son testament, léguer au tuteur sa libération ; devenu majeur, le créancier ne peut, ni par convention, ni par testament, faire remise de sa dette à son ex-tuteur, tant que le compte de tutelle n'a pas été rendu et apuré (art. 907). Pour des raisons que nous n'avons pas à développer ici, les ascendants-tuteurs ou ex-tuteurs sont seuls exceptés de la double prohibition de cet article. L'article 909 nous fournit encore un exemple d'incapacité relative concernant le médecin du disposant et quelques autres personnes. Un arrêt de la Cour de Cassation (1) déclare cependant valable à l'égard de ces personnes, la remise de la dette qui ne constituerait qu'une disposition rémunératoire à titre particulier.

236. Il est hors de doute que la remise accordée par une personne à son enfant incestueux ou adultérin serait entachée de nullité : la loi ne leur accordant que des aliments déclare, par là même, ces enfants inhabiles à recevoir quelque chose au delà, de quelque manière que ce soit. Quant aux enfants naturels simples, ils ont un droit de succession *ab intestat* qui sert aussi de limite aux libéralités que leurs parents voudraient leur faire.

_____

(1) C. de cass. Sir. 1852, 41.

Aussi, la remise de la dette qui leur serait consentie par ces derniers tomberait sous l'application de l'art. 908.

§ 2.

Application à la Remise de la dette des règles sur le Rapport et la Réduction.

237. En tant que constituant une libéralité, la remise de la dette est soumise aux règles générales établies au titre des *Donations entre-vifs et des Testaments*. Nous devons donc au même point de vue lui faire application du principe général, établi déjà par Pothier (1), qui soumet à l'obligation du rapport tous les avantages directs ou indirects reçus du *de cujus*. Les termes si larges de l'art. 843 ne permettent pas le plus léger doute au sujet de ce que nous avançons.

238. Nous distinguerons toutefois, au sujet des effets produits à l'égard du droit de créance, si la remise a été faite par convention ou si elle est renfermée dans un testament. Dans le premier cas, c'est-à-dire quand, de son vivant, le créancier libère gratuitement son débiteur, il y a donation égale au montant de la dette ; mais il y a en même temps extinction de l'obligation et par suite de tous ses accessoires : seulement le donataire s'engage à rapporter à la succession, s'il devient héritier du donateur, la somme dont il lui a été fait la remise : il y a là

---

(1) Poth. *Obl.* IV, art. 3, § 2.

un droit nouveau au projet de ses cohéritiers, droit
éventuel et sans aucune des garanties de l'ancienne
créance : l'obligation du rapport. Aux termes de l'art.
856, cette dette d'un genre nouveau substituée à l'engagement primitif produira des intérêts à dater de l'ouver-
ture de la succession, et, en vertu des art. 868 et 869,
le rapport de cette somme se fera en moins prenant ; si
ce mode de rapporter était impossible en l'absence de
tout autre bien laissé par le donateur, les cohéritiers
devraient agir contre la donataire, non en se fondant
sur la créance primitive qui n'existe plus, mais sur l'obligation nouvelle née conditionnellement après la libération
de la dette originaire et obtenir ainsi le partage de
l'unique valeur de la succession. Quand, au contraire,
la libération est contenue dans un testament, si le débiteur est héritier du testateur, on peut dire que le légataire n'ayant rien reçu, il n'existe pas à proprement
parler de rapport : l'art. 843 ne lui permet pas, en effet,
de réclamer le legs, et dans le cas où cette créance
formerait à elle seule l'actif de la succession, les cohéritiers du débiteur pourraient faire valoir contre lui la
créance non éteinte avec le concours de tous ses accessoires, de tous ses avantages particuliers.

239. Quand un créancier dans son testament lègue
à son héritier débiteur sa libération, s'il veut que cette
libéralité lui reste par préciput et hors part, il doit s'en
expliquer formellement. Il doit en être de même quant
à la remise conventionnelle.

240. Le bon sens et l'équité exigent impérieusement
que les règles posées par la loi en matière de réduction
s'appliquent à l'avantage qui découle de la remise de la

dette. Nous connaissons assez quel a été le but des rédacteurs du code lorsqu'ils ont édicté les dispositions des art. 920 et suivants : ils ont voulu défendre contre des aliénations gratuites une partie de la fortune de chacun, en faveur de ses parents les plus rapprochés ; or, ne serait-il pas vraiment trop facile de tromper la vigilance de la loi, en prêtant un jour, pour en faire remise le lendemain, une valeur dont elle prohibe l'aliénation absolue ?

241. Le législateur a réglé, dans les art. 913 à 915, 1094, 1098, les limites imposées à la faculté de disposer à titre gratuit et énuméré en même temps les personnes au profit desquelles ces limites ont été établies. Nous n'avons à préciser dans ce travail que l'influence subie par la remise qui excède la quotité disponible, les personnes qui souffrent alors de la réduction, comment on estime cette libéralité dans le calcul de la réserve, et enfin, dans quel ordre s'exerce l'action en réduction.

242. Le débiteur auquel le créancier, de son vivant, a fait remise de l'engagement, est immédiatement libéré, et avec la dette s'évanouissent tous ses accessoires. Seulement, ici, l'ancien débiteur, véritable donataire, est tenu à un nouveau titre : il est obligé d'acquitter vis-à-vis des héritiers réservataires tout ce qui entamerait la portion réservée. Si la libéralité renfermée dans un testament excède la quotité disponible, la puissance libératoire du défunt est restreinte, en sorte qu'une seule partie de l'obligation sera détruite ; mais ici, à la différence de ce qui se passe dans notre précédente hypothèse, ce qui reste aux réservataires, ce n'est plus un

engagement différent de la part de l'héritier envers eux, c'est un fragment, pour ainsi dire, de la même créance. Et ce résultat s'explique très bien : au décès du testateur, tout est déterminé *en droit*, et le chiffre de la réserve, et, comme conséquence, la limite de l'affranchissement du débiteur. Quand le créancier avait, de son vivant, dégagé son débiteur, il y avait eu un effet immédiat que ne pouvait altérer la fixation d'une réserve, fixation rejetée à une époque indécise.

243. En ce qui touche la remise faite par testament, ce que nous venons de dire nous ouvre une voie bien facile pour arriver à la détermination des personnes qui souffriront, dans ce cas, de la réduction. N'est-il pas, en effet, bien simple de conclure des lignes qui précèdent, que le débiteur, en premier lieu, les codébiteurs solidaires et les cautions souffriront d'une réduction dont l'effet a été de limiter l'extinction de la dette et, par suite, d'en laisser survivre une fraction avec toutes les garanties accessoires que cette dette pouvait offrir? Dans le cas où le créancier a fait remise à son débiteur par convention, l'obligation est anéantie : privilèges, hypothèques, cautions, etc., tout a disparu avec elle. Longtemps après, au décès du créancier qui a fait remise, il apparaît que sa libéralité a franchi les limites de la quotité disponible : le droit de poursuite des héritiers contre le débiteur donataire insolvable pourra-t-il être exercé contre les personnes qui avaient cautionné sa dette? En principe, la négative doit être admise. Si cependant il était démontré que le débiteur principal était insolvable au moment de la remise, nous admettrions l'héritier à exercer son action en réduction contre la caution, car,

en définitive, la remise faite au débiteur a été, au profit de cette dernière, une véritable libéralité.

244. Comment évaluera-t-on dans le calcul de la réserve l'espèce d'avantage qui nous occupe ? Nous allons tâcher de résoudre aussi clairement que possible cette question délicate, après avoir rappelé qu'il existe en matière de créances une double valeur : la valeur *nominale*, celle que porte le titre, et la valeur *réelle* qui se calcule en raison de la solvabilité du débiteur. Dans le calcul de la quotité disponible, c'est évidemment à la valeur réelle de la créance qu'il faut s'attacher, quand le défunt n'en a pas disposé ou l'a léguée, par exemple, à tout autre qu'au débiteur. Mais lorsqu'il a fait remise de son vivant à son obligé ou qu'il lui laisse sa libération par testament, calculerons-nous la réduction d'après la valeur nominale ou d'après la valeur réelle ? Voici ce que nous déciderons pour couper court à toute difficulté : dans les rapports bien simples qui existent entre l'héritier réservataire et le débiteur, légataire ou donataire, nous évaluerons la créance d'après son chiffre nominal ; dans le cas où il y aura à côté du débiteur libéré un ou plusieurs autres légataires, nous nous attacherons à la valeur réelle de la créance chez ce débiteur.

245. Quant à l'ordre dans lequel s'exerce l'action en réduction au cas d'une remise de dette constituant une libéralité excessive, nous distinguerons si la libération résulte d'une convention ou d'un legs. Au premier cas, l'ex-débiteur n'est passible de l'action en réduction qu'autant que, toutes les dispositions testamentaires étant caduques, l'avantage qu'il a obtenu dépasse encore la quotité disponible. Dans l'hypothèse de plusieurs dona-

tions entre-vifs, l'héritier ne pourra agir contre l'ex-débiteur libéré, que s'il n'a pu parfaire la réserve en exerçant l'action en réduction contre les donataires plus récents. Au cas de legs de libération, le débiteur favo-risé subira, sauf le cas où la volonté contraire du dispo-sant sera expressément manifestée, une réduction au marc le franc, comme les autres légataires.

246. En cas de réduction, le débiteur libéré pour par-tie doit-il les intérêts de la somme dont sa créance excède la quotité disponible, à partir du décès du *de cujus* (art. 856 C. N.)? Non, car l'art. 928, explicite au sujet des fruits, est complètement muet quant aux intérêts.

§ 3.

De l'irrévocabilité de la remise de la dette.

247. La remise conventionnelle de la dette, comme toute opération juridique, est un acte stable et qui survit au changement de la volonté qui l'a accompli ; sans qu'il y ait lieu de considérer si elle renferme ou non une libé-ralité, elle participe à certaines causes de fragilité qui affectent toutes les conventions en général. Mais, consi-dérée spécialement comme disposition à titre gratuit, il importe de rechercher comment, à ce titre, elle revêt un caractère de stabilité plus absolu, et pour quels mo-tifs spéciaux on a consacré plusieurs dérogations à ce principe.

10

248. « *Donner et retenir ne vaut;* » telle était la maxime dans laquelle on avait résumé, dans l'ancien Droit, les règles qui avaient pour but d'imposer au donateur un dépouillement actuel et irrévocable. Bien que la principale raison d'être de cette maxime ait aujourd'hui disparu, son esprit se retrouve encore dans notre Droit actuel et elle présente un double avantage, en ce sens qu'elle forme un utile obstacle aux donations irréfléchies, en même temps qu'elle assure la stabilité de la propriété. La remise de la dette sera évidemment regardée comme la donation d'un bien présent et en conséquence valable toutes les fois que la créance existera réellement, fût-elle subordonnée à une condition : cette condition peut, à la vérité, diminuer la valeur du bien présent, mais elle n'en supprime pas l'existence actuelle.

249. Dans notre Droit, rien ne s'oppose à ce que l'on fasse dépendre la remise d'une condition, pourvu qu'elle ne soit pas potestative de la part du créancier. En ce dernier cas, elle serait nulle, aux termes de l'art. 944.

Si le créancier s'est réservé le droit d'exiger une portion de la dette, le débiteur restera tenu à concurrence de cette portion, et les héritiers du créancier auraient le droit de réclamer, quand même leur auteur ne l'aurait pas fait.

250. Le créancier qui libère gratuitement son débiteur jouit de la faculté de stipuler le droit de retour, sous les conditions fixées par l'art. 951. Que déciderons-nous dans le cas où le débiteur ainsi libéré qui avait fourni une caution, se trouve insolvable au moment où la condition du retour conventionnel se réalise? Nous n'hésitons pas à déclarer que le créancier pourra agir valablement contre la caution , soit que l'on considère la libération comme ayant produit un effet immédiat, sauf résolution, soit qu'on la considère comme subordonnée à une condition. Si, en effet, dans ce dernier cas, le débiteur principal n'était dégagé que *sub conditione*, pourquoi en serait-il différemment de l'obligé accessoire ? Si dans notre première interprétation, nous accordons au créancier une action qui lui semble refusée par l'art. 2038, c'est qu'il est conforme aux principes, lorsqu'une libéralité est rétroactivement résolue, d'effacer toutes les conséquences qu'elle a produites, même à l'égard des tiers. Et ce que nous dirons d'une caution doit être étendu à tous les accessoires d'une créance.

251. Examinons actuellement quelles sont les causes spéciales qui peuvent entraîner la révocation de la libération que le créancier accorde à son débiteur, et parcourons d'abord les cas dans lesquels cette révocation est introduite au profit du donateur.

Si le débiteur affranchi de l'obligation n'exécute pas les conditions sous lesquelles il a été libéré (art. 954); s'il se rend coupable d'ingratitude vis-à-vis du créancier (art. 955); s'il survient un enfant à ce dernier, dans la situation présentée par l'art. 960, la remise de la dette sera révoquée. Pothier (1) admettait formellement la révocation de la remise dans ce dernier cas. Quant à l'effet de révocation à l'égard des cautions et autres garanties accessoires de la créance, il est le même ici que celui que nous venons d'indiquer à l'occasion du retour conventionnel. Toutefois, nous ferons volontiers

(1) *Donations entre-vifs,* n° 151.

une exception à notre principe dans le cas où la révocation aura eu pour cause l'ingratitude du débiteur libéré ; car ici elle constitue plutôt une peine qu'une révocation proprement dite, et, comme les peines ne doivent atteindre que les coupables, nous ne pouvons nous résoudre à frapper les obligés accessoires qui, dans notre hypothèse, sont restés étrangers au délit d'ingratitude.

252. En présence de la règle générale de l'art. 1096, nous poserons en principe que la remise de la dette sera essentiellement révocable au gré du créancier toutes les fois que, constituant une libéralité, elle sera intervenue entre deux personnes unies par les liens du mariage.

253. Disons maintenant un mot au sujet de l'hypothèse dans laquelle la révocation de la libération a lieu au profit des tiers et de l'application de l'art. 1167 à la remise faite au préjudice des créanciers. Quoiqu'on ait soutenu que, hors les cas prévus par les art. 622, 788, 1053 et 1464, les créanciers ne peuvent attaquer les actes qu'autant qu'ils seraient faits en fraude, c'est-à-dire qu'il y aurait eu préjudice causé *sciemment et avec intention*, nous n'hésitons pas à admettre avec MM. Zachariæ et Duranton que, pour pouvoir attaquer une remise de dette, il suffira que les créanciers prouvent que cet acte à titre gratuit a été fait au préjudice de leurs droits : ces auteurs s'appuyant sur la maxime : « *Nemo liberalis nisi liberatus,* » et sur l'analogie des motifs des art. 622, 788 et 1053, qui ne sont que des applications de cette règle à la renonciation gratuite portant sur des droits d'usufruit et de succession, et faisant observer avec raison que, dans tous les cas où il y a libéralité, acte gratuit, les tiers *certant de lucro captando*, quelle que

puisse être la bonne foi du débiteur, tandis que les créanciers *certant de damno vitando*, décident par identité de
motifs que, pour pouvoir attaquer les actes à titre gratuit
et par suite une remise, il suffit que les créanciers prouvent que cet acte a été fait au préjudice de leurs droits.
Armés de l'art. 1167, les créanciers du *fraudator* auront
donc le droit de poursuivre *proprio nomine* le débiteur de
ce dernier, comme s'il n'était pas libéré. Toutefois, la
remise de la dette a produit ses effets entre le *fraudator*
et son débiteur : l'obligation a été valablement éteinte
avec ses accessoires : aussi, en principe, tous ceux qui
étaient intéressés à l'extinction de l'obligation cessent
d'être tenus. Nous accorderions cependant volontiers
l'action paulienne contre celui de ces intéressés, un codébiteur solidaire, par exemple, qui aurait retiré un véritable
profit de la libération du débiteur principal.

254. Terminons ce paragraphe par quelques considérations sur la révocation de la remise résultant d'une
disposition testamentaire.

Il résulte de la nature de la disposition testamentaire
que, jusqu'à sa mort, le testateur a eu pleine liberté
pour changer de volonté et effacer la libéralité : si donc
le créancier qui a légué à son débiteur, par testament,
la libération de sa dette, lui en réclame le paiement de
son vivant, il a détruit par là même l'objet du legs qui
se trouve ainsi révoqué. Les héritiers du testateur seraient
admis, sans nul doute, à faire prononcer la révocation
d'une libération, dans le cas et sous les conditions pré-
vues par les art. 1046 et 1047. Enfin, quelques arrêts (1)

---

(1) Cour de Rouen, 1844 (Sir. 45, 2, 360) ; Grenoble, 1841 (Sir. 42, 2, 355).

ont décidé qu'en vertu de la maxime, *nemo liberalis nisi liberatus,* les créanciers du testateur n'ont pas besoin de l'action paulienne contre les débiteurs libérés par testament, par la raison toute simple qu'ils doivent être payés avant les légataires.

APPENDICE.

————

DE LA REMISE FORCÉE.

255. Nous avons jugé à propos de traiter dans une division particulière la question de la remise forcée, ou remise de la dette résultant du concordat intervenu entre les créanciers du failli. Deux raisons principales ont motivé notre détermination : d'abord la remise forcée ne constitue pas, à proprement parler, un mode d'extinction des obligations : elle constitue encore moins une libéralité. Elle ne pouvait donc en aucune façon se placer dans l'une ou l'autre des divisions que nous avions adoptées dans notre travail sur la remise volontaire de la dette. D'ailleurs, la circonstance que les effets de la remise forcée se trouvent réglés en dehors du Code Napoléon, ne nous imposait-elle pas en quelque sorte la nécessité d'en faire l'objet d'une étude séparée ?

256. Quoi qu'il en soit, et malgré les analogies qui semblent rapprocher si intimément la remise forcée de la remise volontaire, il nous a paru préférable de traiter isolément le sujet intéressant de la remise de la dette

résultant d'un concordat, car en vertu de sa nature particulière, de profondes différences la séparent de la remise volontaire.

257. Notre étude sur la remise forcée va comprendre quatre paragraphes. Dans le premier, nous rechercherons le principe de cette remise ; dans le second, nous verrons brièvement comment se forme, s'annule ou se résout un concordat. Nous résumerons les effets du concordat dans un troisième paragraphe et nous terminerons, dans un quatrième, cette rapide esquisse d'un vaste sujet, par une comparaison entre la remise volontaire et la remise forcée.

§ 1.

Principe de la remise forcée.

La remise forcée est celle qui a été ou qui aurait pu être imposée à un créancier par la majorité des créanciers d'un même débiteur. Cette remise est commandée, dans son intérêt personnel, au créancier qui abandonne une partie de ses droits, de sorte que, même pour les créanciers de la minorité, la remise forcée conserve le même caractère et produira des conséquences identiques.

259. En droit français comme en droit romain, c'est par une dérogation formellement apportée par le législateur aux principes généraux du droit, que la validité

de cette convention de remise a été reconnue, même quand elle porte atteinte aux droits des absents ou des opposants. L'article 1165 du Code Napoléon pose une règle absolue : les conventions n'ont d'effet qu'entre les parties contractantes, et notre législateur n'a admis à ce principe qu'une seule exception en matière commerciale. Voici, d'après M. Pardessus (1), les motifs qui l'ont déterminé : Les créanciers d'un failli ont presque toujours intérêt à faire avec lui un arrangement quelconque plutôt que d'éprouver les lenteurs et les embarras d'une union qui finit souvent par consumer la fortune du débiteur. Mais, comme tous sont rarement d'accord et qu'il est naturel de présumer qu'un grand nombre prendra les arrangements les plus convenables à l'intérêt commun, on a cru devoir faire céder la volonté de la minorité à celle de la majorité : les créanciers présents ont donc été admis à décider pour les absents. Cette minorité, ces absents doivent au moins avoir l'assurance que de mûres réflexions ont dirigé ceux dont le vœu doit devenir une loi pour eux : de là les précautions et les garanties qui entourent cette violence faite aux droits individuels.

260. Mais pourquoi, pourra-t-on opposer, les créanciers du non commerçant qui ont un intérêt identique ne jouissent-ils pas du bénéfice procuré au commerçant par cette dérogation aux principes généraux du droit? On ne peut répondre à cette objection qui s'adresse directement au législateur, que par une considération historique. Nous avons déjà vu que l'exception à la règle

(1) T. II, n° 1232.

qui nous occupe ici se rencontrait aussi dans la législation romaine, et nous en avons indiqué le motif. Nous n'ignorons pas, en effet, qu'à Rome les créanciers ne pouvaient vendre qu'en bloc les biens du débiteur pour être payés de leurs créances sur le prix de cette vente qui n'était possible évidemment qu'à la charge par eux de renoncer à une portion de leurs créances : il fallait nécessairement, pour que cette renonciation fût déclarée, qu'elle résultât de l'avis de la majorité. Notre législation commerciale a retenu un système d'exécution sur les biens, qui offre de nombreux traits de ressemblance avec le système romain, et voilà comment cette dérogation au droit commun, dérogation dont, on le voit, l'origine est bien ancienne, se trouve encore conservée aujourd'hui. Ainsi, les créanciers du débiteur non commerçant resteront sous l'empire des principes généraux : le débiteur pourra bien obtenir une concession de chacun d'eux individuellement, mais il ne pourra obtenir une renonciation partielle aux droits de tous qu'à la condition de gagner leur assentiment.

261. L'arrangement entre les créanciers et le failli constitue l'objet du concordat, que nous définirons avec M. Renouard (1) : un traité entre le commerçant failli et ses créanciers, par lequel ceux-ci, dans la vue de moins perdre sur leurs créances, consentent à ce que leur débiteur obtienne des délais pour payer, ou ne paye qu'une partie de ce qu'il doit. Comme la remise forcée qui fait l'objet principal de notre étude ne peut résulter que d'un concordat, nous devons examiner brièvement

(1) Renouard, *Traité des faillites*, etc. t. II.

le mode de formation et les causes de résolution de ce contrat.

§ 2.

Comment se forme, s'annule et se résout un concordat.

262. Les art. 504 et 505 du Code de commerce s'occupent de la convocation et de l'assemblée des créanciers; et, sans entrer dans les détails de toutes les formalités qu'ils prescrivent, nous constaterons que la loi s'y montre animée d'une vive sollicitude envers l'intérêt des absents, des mineurs et du failli. D'après les termes de l'article 507, nous pouvons conclure avec M. Renouard, contre M. Lainné, que la présence du failli est indispensable pour que le concordat puisse avoir lieu; en effet, il est tout naturel qu'au failli seul appartienne l'initiative d'un arrangement qui ne saurait lui être imposé. Après la lecture du rapport sur l'état de la faillite, après que le failli a été entendu, et à la condition que les créances aient été vérifiées, affirmées ou admises par provision, on peut procéder au traité de concordat que propose le failli. Mais pour que les parties contractantes puissent être liées, il faut l'assentiment de la majorité des créanciers. Comment former cette majorité? Les rédacteurs du Code de commerce, voulant établir une règle fixe là-dessus, se trouvèrent en présence de plusieurs systèmes. Le premier, celui du droit romain, ne considérait que le point de vue de l'intérêt; aussi exigeait-il la majorité en

somme : le fâcheux résultat de ce système était de faire
dépendre de la voix du possesseur d'une grosse créance,
le sort d'une foule de petits créanciers. Un résultat inverse
aurait pu se produire , si on eût exigé la majorité en
nombre. Suivant les principes de la majorité en somme,
l'ordonnance de 1673 demandait la majorité des trois quarts
du total des dettes, sans se préoccuper des personnes. Ce
système très logique, en théorie, offrait dans la pratique
de fort graves inconvénients : les collusions étaient ren-
dues faciles ; le concordat devenait souvent un traité
entre le failli et deux ou trois des créanciers les plus
importants. Le Code de Commerce a parfaitement com-
biné dans l'art. 507 le principe de la majorité en
somme avec celui de la majorité en nombre, en décidant
que le concordat ne s'établira que par le concours d'un
nombre de créanciers formant la majorité, et représentant, en outre, les trois quarts de la totalité des créances.
Ainsi, par exemple, dans le cas où il y aurait un total
de créances réparties entre soixante créanciers, s'élevant
à la somme de 60,000 francs, le concordat ne pourra
être conclu que s'il existe l'assentiment de trente-un
créanciers dont les créances atteignent 45,000 francs. Le
concordat voté, il doit être signé séance tenante, afin,
disait M. Regnaud de Saint-Jean-d'Angély au Conseil
d'Etat, que l'on ne puisse pas colporter des concordats
sur lesquels on obtient des signatures par faiblesse,
séduction ou corruption. Dès lors, il y a un véritable
contrat littéral formé entre les parties. Quand la proposition de concordat n'obtient ni la majorité en nombre,
ni la majorité des trois quarts en somme, la proposition
est rejetée : on entre de plein droit dans l'état d'union.

Quand une de ces deux majorités seulement est obtenue, la loi, dans sa bienveillance, permet une nouvelle épreuve : la délibération est remise à huitaine pour tout délai, et si, à cette seconde assemblée, le concordat ne réunit pas les deux majorités, la tentative d'arrangement reste non avenue et sans aucun effet. Après la signature des créanciers, le concordat n'existe pas encore ; il n'est complet que lorsque l'homologation du tribunal de commerce est venue, après l'expiration de la huitaine accordée aux créanciers pour leurs oppositions, revêtir ce contrat d'un caractère judiciaire et déterminer le point de départ de son exécution (art. 512-515 Code Comm.). L'art. 515 accorde aux juges consulaires un droit absolu d'accorder ou de refuser à leur gré l'homologation. Voici le motif qui a, selon M. Renouard (1), amené le législateur à la rédaction de cet article : l'intérêt privé des créanciers du concordat a, dans le vote de la double majorité, un signe apparent, mais non infaillible, une probabilité mais non une certitude : exiger d'un tribunal qu'il attachât son approbation à un acte qui peut lui paraître injuste ou collusoire, c'était un despotisme légal. Notre loi commerciale a laissé à la conscience des juges toute sa liberté, en les constituant arbitres suprêmes des intérêts de la masse. Du reste, personne ne peut douter de l'extrême réserve qu'un tribunal composé de commerçants ne manquera pas d'apporter dans cette partie si délicate de ses fonctions.

263. Le tribunal de commerce pourra être appelé dans

(1) *Traité des faillites* s. l'art. 515, p. 61.

deux cas à prononcer l'annulation d'un concordat : ce
sera, en premier lieu, lorsque depuis l'homologation, le
failli aura été condamné comme banqueroutier frauduleux, et deuxièmement, quand il sera reconnu que les
créanciers et le tribunal ont été entraînés dans une
erreur invincible par une frauduleuse dissimulation de
l'actif ou une exagération du passif. Après le jugement
d'annulation le concordat n'existe plus, est censé n'avoir
jamais existé : le failli rentre dans l'intégralité de
ses dettes, les cautions qui auraient pu intervenir
pour garantir ses engagements sont déchargées et la
faillite se convertit de plein droit en union. Il est facile
de déterminer dans quelle proportion figurera dans la
reconstitution de la faillite, soit le passif ancien, soit le
nouveau passif. L'art. 525 nous apprend d'abord que ceux
qui, de bonne foi. sont devenus créanciers du failli,
postérieurement au jugement d'homologation, seront
inscrits à la masse pour la totalité de leurs créances.
Quant aux créanciers antérieurs, les effets du concordat
seront maintenus sur tous les points qui auront reçu
complète exécution.

264. Le concordat étant un contrat peut être résolu
en cas d'inexécution des engagements pris par le failli
(art. 1184 Cod. Nap.). On peut se demander ici si le
jugement de résolution provoqué par l'un des créanciers
à l'égard duquel le failli n'a pas rempli ses obligations,
produit son effet à l'égard des créanciers satisfaits qui
n'ont pas demandé cette résolution. Malgré le texte de
l'art. 522, duquel semble résulter nettement l'affirmative,
nous préférons un système plus raisonnable et plus conforme au droit commun, celui qui attribue à la résolution

un effet purement individuel (1). Comme conséquence de ce que, selon nous, le concordat est maintenu, nous admettrons que la résolution individuelle ne libère pas les cautions, et c'est justice : pourquoi seraient-elles libérées, en effet, au moment où se réalise le cas en prévision duquel elles ont été fournies ?

§ 3.

Effets du concordat.

265. Le concordat améliore la position du commerçant failli, en lui restituant le plus souvent la disposition de ses biens, sous des restrictions et avec des précautions plus ou moins grandes, et en lui accordant soit des délais favorables, soit des remises partielles. C'est surtout au point de vue de la réduction des créances que nous avons à examiner ici les effets du concordat. Nous avons à rechercher d'abord quels sont les créanciers qui doivent subir cette réduction et se contenter d'un *dividende*, c'est-à-dire de la fraction proportionnelle qui reste à payer aux créanciers, lorsque dans l'arrangement intervenu entre leur débiteur, ils ont tous abandonné une certaine quotité de leurs créances, par l'effet de la volonté de la majorité.

266. Aux termes de l'art. 516, il semble que le concordat devrait être l'ouvrage de tous les créanciers ; mais

(1) Pardessus, t. III, 1251.

des considérations puisées dans l'équité ont dicté certaines précautions, dont quelques-unes ont pour but d'éloigner de la délibération ceux des créanciers qui n'ont pas un intérêt assez direct à balancer avec impartialité les propositions du failli. Ainsi, le droit de délibérer est refusé aux créanciers garantis par un privilége, une hypothèque ou un gage. La sûreté de leurs créances les met en dehors de la faillite : toutefois, ils feront bien de faire affirmer et vérifier leurs créances, dans cette prévision que le gage et l'hypothèque peuvent ne pas leur procurer un paiement intégral. Ces créanciers ne peuvent prendre part à la délibération du concordat qu'en renonçant à leurs sûretés réelles (art. 508 *in fine*). Et le motif de la loi est évident : le créancier muni d'une garantie spéciale ne se montrerait pas difficile pour consentir à une renonciation aussi forte qu'elle pût être, s'il ne devait pas en souffrir : il est donc de toute justice que, par son vote au concordat, il abdique la garantie particulière qu'il possède. Si cependant la garantie de ce créancier était contestée, il pourrait, aux termes de l'art. 501, prendre part à l'arrangement. Qu'arrivera-t-il si le créancier hypothécaire établit qu'il ne pourra obtenir par sa garantie spéciale qu'un paiement partiel ? Devrons-nous décider qu'il n'aura que le choix entre ces deux partis ; ou ne pas voter, ou voter en renonçant à son hypothèque ? sans aucun doute, car l'art. 508 est formel. Ainsi donc, le concordat ne peut être opposé aux créanciers gagistes privilégiés ou hypothécaires, en ce sens qu'en vertu de leur garantie réelle ils pourront, si elle le permet, recouvrer l'intégralité de leur créance. Si, au contraire, cette garantie a été insuffisante, ils pourront s'adresser à la personne du failli ; mais alors le traité leur sera opposable et ils ne pourront obtenir qu'un dividende proportionnel à ce qui leur reste dû (1) ; les principes établis dans les articles 552 à 556 deviennent applicables en notre matière.

267. Le créancier, nonobstant le concordat, pourra-t-il exiger des cautions de tout ce qui lui est dû ? Avant 1838, une vive controverse divisait les auteurs sur cette question. On se trouvait d'un côté en présence du droit commun en matière de remise : la caution, disait-on, doit profiter de toute réduction accordée au débiteur principal et certains auteurs, partant de ce principe, distinguaient, suivant que le créancier avait ou non consenti au concordat. D'autres, s'en tenant à l'opinion de Pothier (2), admettaient que la caution ne pouvait se prévaloir de la remise ainsi accordée au débiteur principal, parce que n'ayant pas été accordée *animo donandi*, l'exception qui en résulte ne porte atteinte qu'à l'obligation civile : l'obligation naturelle pour tout ce qui reste à payer subsiste dans toute son intégrité et sert de fondement suffisant à l'obligation des fidéjusseurs. Le nouvel art. 545 a confirmé cette solution, conforme aux vrais principes en matière de concordat.

268. La caution qui a payé l'intégralité de la dette aura-t-elle un recours contre le failli concordataire ? Evidemment, cette prétention de la caution recourant contre le failli ne saurait être admise, car si on l'accueillait on arriverait à ce résultat, que le failli se trouverait con-

(1) C. de cass. 26 avr. 1814 (Sir. 14, 1, 225).
(2) *Tr. des obl.* n° 380.

traint à payer une quotité supérieure à celle que le concordat avait déterminée. D'ailleurs, la caution n'a pas à se plaindre, puisqu'en acceptant cette qualité elle a pris sur elle tous les risques d'insolvabilité du débiteur ; elle éprouve un préjudice auquel en vertu même de la nature de son engagement, elle a voulu soustraire le créancier.

Remarquons que l'art. 545 emploie un terme général : il parle des *coobligés* du failli : donc nous appliquerons au codébiteur solidaire tout ce que nous venons de dire au sujet de la caution.

269. Ceci nous amène à l'examen d'une intéressante question dont la solution a donné lieu, dans l'ancien Droit, à plusieurs systèmes et que l'art. 542 du Code de commerce est venu trancher d'une manière définitive. Supposons qu'un créancier a un assez grand nombre de coobligés garantissant la même créance. Le cas est très fréquent en matière commerciale, car il arrive tous les jours que des endosseurs d'une lettre de change, des endosseurs en nom collectif, des gérants d'une société en commandite se trouvent réunis dans les liens de la même obligation. Quelle est l'étendue du droit du créancier contre la faillite de chacun de ses coobligés ? Dans un premier système adopté par Savary (1) et suivi par la pratique dès l'année 1673, on reconnaissait que le créancier, quoique admis dans chaque faillite pour toute sa créance, ne pouvait participer aux répartitions que dans une seule : il ne touchait ainsi qu'un seul dividende. Plus tard, du Puys de la Serra, dans son ouvrage sur l'*Art des lettres de change*, soutint que le créancier devait

_____

(1) Parèzes, 13 et 48, 5e *quest.*

être inscrit dans chaque masse et recevoir un dividende dans chacune, mais déduction faite de ce qu'il pouvait avoir touché dans les autres. Pothier, Jousse, Boutaric et bien d'autres jurisconsultes se rallièrent à cette opinion que vint consacrer un arrêt du Parlement d'Aix du 16 juin 1776. Mais, le même jour, un arrêt du Parlement de Paris acceptait un troisième système introduit par la pratique et qui, à l'inverse du système de Savary, permettait au créancier inscrit dans toutes les faillites de se présenter dans chacune d'elles pour y toucher ses dividendes, sans déduction de ce qu'il avait reçu dans les autres, et cela jusqu'à ce qu'il eût reçu son entier payement. Un arrêt du conseil, du 24 février 1778, cassa l'arrêt du Parlement d'Aix, et nous retrouvons dans l'art. 542 une nouvelle consécration de ce dernier système.

270. Le système de Savary présentait un grave inconvénient : le créancier ne pouvait jamais arriver à un paiement intégral, quel que fût le nombre des faillis, puisqu'il n'avait droit qu'à un seul dividende, par suite de l'option qu'il avait faite entre les obligés : la dette ainsi payée en monnaie de faillite ne subsistait plus contre personne, et rien ne restait à demander aux autres obligés. Du système de Du Puys de la Serra, il résultait encore que le créancier, quel que fût d'ailleurs le nombre des coobligés, avait toujours une perte à supporter, puisque la dernière faillite payait non le reliquat de sa créance, mais seulement un dividende de ce reliquat (1). L'opinion qui a prévalu a l'avantage sur les précédentes

---

(1) Renouard, *Traité des faill.* p. 177.

en ce qu'elle permet au créancier d'arriver à un paiement total, sans blesser l'égalité entre les masses. Grâce
aux dispositions des art. 497 et 569, le créancier ne
pourra jamais toucher plus qu'il ne lui est dû.

271. Il importe cependant d'établir, au point de vue
juridique, la sagesse de la disposition de l'article 542.
Savary considérait, avec raison, le paiement du dividende
comme un paiement total. Aussi, à ses yeux, quand un
codébiteur solidaire, tombé en faillite, acquittait un
dividende, quelque faible qu'il fût, l'obligation était
éteinte à l'égard de tous les codébiteurs, comme s'il y
avait eu un paiement intégral. Aux yeux de la Serra, le
dividende reçu ne valait que comme paiement partiel,
ce qui lui permettait d'exiger le reste de sa créance des
autres codébiteurs. La doctrine qui a prévalu repose sur
les mêmes fondements : elle tient compte du principe de
la solidarité, en ce sens que le créancier est autorisé à se
faire inscrire dans chaque faillite, mais elle repousse cette
conséquence, adoptée par Savary, que la promesse de
paiement d'un dividende éteignait non seulement l'obligation du failli, mais encore la dette elle-même. Désormais, en effet, la chose due n'est plus la même : l'objet
de l'obligation a changé : il consiste en un dividende
dont le chiffre varie suivant les masses. Or, en face d'une
diversité d'objets, il y a diversité de dettes, et l'on comprend dès lors que le paiement du dividende d'une masse
ne peut, en aucune façon, influer sur le dividende à
fournir par une autre masse.

272. Nous avons constaté que le concordat est obliga-
toire pour *tous* les créanciers comme pour le failli :
l'homologation en fait une loi privée : il lie les absents

comme les présents, les capables comme les incapables.
Ce ne sera donc qu'avec la plus grande réserve que l'on
pourra créer des exceptions à ce principe si général. Il
nous a paru intéressant de rappeler ici, bien sommaire-
ment, quelques cas particuliers dans lesquels de vives
controverses ont divisé la doctrine et la jurisprudence au
sujet de l'opportunité de semblables exceptions.

273. On s'est demandé si le créancier d'une rente
viagère due par le failli doit subir la loi du concordat.
Nous nous prononçons, sans hésiter, pour l'affirmative.
Les arrérages seront comme les autres créances payés
en monnaie de faillite, c'est-à-dire réduits proportionnel-
lement à la remise faite par le concordat (1). Le capital
ne restera à l'abri de la réduction qu'autant qu'une
garantie hypothécaire l'a placé hors de la condition
commune des créances.

274. L'action en stellionat continue, nonobstant le
concordat, à appartenir aux créanciers hypothécaires,
d'après la jurisprudence de la Cour de cassation (2).
Nous ne pouvons partager sur ce point l'opinion de la
Cour suprême, quand nous observons avec M. Renouard (3)
qu'en vertu des principes que nous avons exposés plus
haut, ce n'est pas la créance hypothécaire qui est mise
hors de la faillite : c'est le gage hypothécaire lui-même.
Or, la loi du concordat s'étend partout où manque ce
gage, et elle régit en commun tous les créanciers qui
n'ont d'autre garantie que les biens et les actions contre

(1) Clérault, *Mémorial du comm.* 1843, 2, 247. — Anal. art. 1970, C. Nap.
(2) Ch. civ. 28 janv. 1840 ; 13 novemb. 1843.
(3) *Tr. des faill.* p. 72.

la personne du débiteur, et au nombre de ces derniers figure évidemment le créancier victime du stellionat.

275. La Cour de cassation (1) a jugé que, le créancier n'ayant conservé contre le failli qu'une créance réduite par l'effet du concordat, si postérieurement cette créance a servi à éteindre par la compensation la dette du failli, ce n'a pu être que jusqu'à concurrence de la quotité à laquelle la dette du failli avait été restreinte. C'est là une saine appréciation du résultat de la libération proportionnelle assurée au failli par le concordat.

276. Un concordat qui fait remise au mari tombé en faillite de tant pour cent sur le montant de ses dettes, est-il opposable à la femme créancière de ses reprises ? M. Troplong distingue : si la femme était séparée de biens et a concouru au concordat, elle doit en subir les conditions comme tout autre créancier, car elle n'a pas entendu faire un abandon gratuit : un pareil acte de sa part constitue une véritable transaction, un pacte de recouvrement d'une créance qu'elle est capable de faire.

277. Le tuteur créancier du mineur qui à raison du mauvais état des affaires du mineur, obtient une remise de ses créanciers, est-il obligé de souffrir une remise égale à moins qu'il ne soit dans la classe des créanciers qui ne sont pas obligés de suivre la loi commune ? Quelques auteurs (2), appliquant à cette espèce les principes que nous venons d'exposer au sujet de la remise forcée, se sont prononcés pour l'affirmative. Nous repousserons

---

(1) 24 novemb. 1841.
(2) Delvincourt, t. I, p. 118, not. 7 ; Toullier, t. II, p. 1220.

formellement cette opinion, et nous y sommes détermi-
nés par une raison majeure. Où trouvera-t-on, en effet,
un moyen légal de contraindre ce tuteur à consentir la
même remise que les autres créanciers? Car, il est à
remarquer qu'il ne s'agit pas, dans l'espèce, d'affaires
de commerce, puisque si le mineur était commerçant il
n'aurait pas de tuteur, en sa qualité de mineur émancipé (art. 2 Cod. comm.) (1).

Il ne nous reste plus qu'à établir, en peu de mots, les
différences qui séparent la remise forcée de la remise
volontaire.

§ 4.

Comparaison entre la remise forcée et la remise volontaire.

278. La remise forcée diffère de la remise volontaire
à tous les points de vue, pour ainsi dire : quant à son
mode de manifestation, quant à sa nature, quant à ses
effets. Ces deux formes de renonciation n'ont guère
qu'un point de contact : la remise soit volontaire, soit
forcée ne s'applique jamais qu'à un droit de créance.

279. Ainsi, tandis que la remise volontaire découle
d'une convention soit expresse, soit tacite, intervenue
au sujet d'une obligation quelconque, la remise forcée,

---

(1) Duranton, III, n° 567; Demolombe, VII, p. 436.

strictement renfermée en matière commerciale, résulte toujours d'un traité soumis à diverses conditions indispensables soit de formation, soit d'homologation : cette dernière est donc toujours expresse. La remise volontaire peut s'appliquer à la dette toute entière ou seulement à une fraction de cette dette, suivant la volonté des parties : la remise forcée, au contraire, ne concerne jamais qu'une partie de l'obligation, puisqu'elle a pour objet d'en garantir le surplus.

280. Mais l'idée générale d'où dérivent de nombreuses et importantes distinctions entre nos deux remises est celle que fait surgir la considération de leur nature particulière. C'est l'intention du créancier renonçant à sa créance qui, seule, peut déterminer la nature de son acte : or, tandis que la remise volontaire constitue presque toujours une libéralité de la part de ce créancier, la remise forcée ne revêt jamais le caractère d'une donation : éteindre la dette au profit du débiteur, tel est toujours le but de la première, but auquel la seconde reste toujours étrangère. Tel est le trait caractéristique qui distingue la remise forcée de la remise volontaire : à cette dernière seule peut s'appliquer ce texte de Papinien (1) : « *Donari id videtur quod, nullo jure cogente, conceditur.* »

281. Aussi, quoique la remise volontaire existe indépendamment de toutes les formes propres aux donations, elle est le plus souvent soumise, quant au fond, aux règles qui régissent les dispositions à titre gratuit. Dans la remise forcée résultant d'un concordat, il n'y a pas le

(1) Fr. 82. *De reg. juris.* au Digeste.

moindre vestige d'une idée de libéralité chez celui qui
l'opère. Nous nous trouvons ici en présence de créanciers
traitant avec un débiteur qui, souvent, est pour eux un
inconnu : loin de vouloir faire une largesse à celui qui
a compromis ses intérêts, chaque créancier poursuit un
but unique : celui de diminuer, autant que possible, la
gravité du dommage qu'il est obligé de subir. La volonté
individuelle n'est d'ailleurs qu'un des éléments du concordat et la remise de la dette qui en résulte est l'œuvre
d'une volonté collective : enfin, toutes les formes de
convention sont exclusives de la pensée de donner. Que
serait, en effet, une libéralité octroyée par un vote et
confirmée par l'homologation d'un tribunal ! Du reste,
Pothier, en parlant de la capacité nécessaire pour opérer
une donation par remise de dette ajoutait : « Cela ne
doit pas être étendu aux remises qui se font plutôt par
composition que par donation, telles sont celles qui se
font en cas de faillite..... » Un arrêt de la Cour de cassation (1) a consacré cette opinion, et MM. Bravard
et Duranton, bien loin d'attribuer à la remise forcée le
caractère d'une libéralité, prétendent au contraire qu'elle
constitue un sacrifice intéressé qui profite à celui qui le
fait autant qu'au débiteur lui-même : c'est, disent ces
auteurs, un véritable transaction. Toutes les conséquences pratiques de l'acte à titre gratuit seront donc inap-
plicables à la remise forcée qui ne saurait par suite être
soumise ni au rapport, ni à la réduction, ni à la révocation.

282. Enfin, en matière de remise volontaire, l'inten-

_____

(1) Du 22 août 1843.

tion du créancier se porte directement sur l'extinction absolue de la dette : aussi les art. 1285 et 1287 du Code Nap. viennent-ils concourir à la réalisation de cette intention en déclarant que la remise faite au débiteur principal libère les coobligés. En matière de remise forcée, l'intérêt seul guide les créanciers : la position du failli les intéresse fort peu ; ils retirent de la créance tout ce qu'il est possible d'en retenir, ils limitent leur sacrifice à ce qui est rigoureusement nécessaire et l'art. 545 du Code de Commerce vient aussi, en cette matière, interpréter avec exactitude l'intention du créancier, lorsqu'il nous apprend que, nonobstant le concordat, il conserve son action pour la totalité de la créance contre les coobligés du failli ; ce qui démontre d'une façon on ne peut plus claire que l'obligation de ce dernier n'est pas éteinte.

283. En effet, le failli est libéré aux yeux de la loi, en ce sens qu'aucune action ou réclamation ne saurait être dirigée contre lui, qu'aucune voie d'exécution ne saurait désormais être exercée contre ses biens, ni contre sa personne (1), mais le failli concordataire n'en reste pas moins tenu, dans le for intérieur, de la portion des dettes abandonnée par les créanciers, et une conséquence légale demeure attachée à la non extinction de cette dette naturelle : le caractère de failli reste imprimé au débiteur et les incapacités inhérentes à ce caractère ne cessent par la réhabilitation (2), qu'autant que toute la portion de dette remise par le concordat aura été acquittée en capital et intérêts.

(1) Renouard, *Tr. des faillites,* p. 69.
(2) Art. 604, Cod. de comm.

POSITIONS.

Droit romain.

— Le pupille qui promet *sinè tutoris auctoritate*, s'oblige naturellement.

— La compensation *ex dispari causâ* ne doit pas être rangée parmi les modes d'extinction de l'obligation naturelle.

— On peut concilier le Fragm. 43, Pr. *De jure dotium*, avec le Fragm. 10, *De cond. causâ dat.*

— Le Fragm. 62 et le Fragm. 27, § 2, *De pactis* sont inconciliables.

— Il n'y a pas d'antinomie entre le Fragm. 95, § 11 et le Fragm. 45, *De adm. et per tut.* d'une part, et le Fragm. 15, § 1, *De Fidejussoribus*, d'autre part.

— L'hérédité jacente représente la personne du défunt, sauf dans le cas où l'esclave stipule *heredi futuro.*

— Il n'y a pas d'antinomie entre le Fragm. 56, § 1, *De verb. obl.* et le Fragm. 55, *De pactis.*

— On peut concilier la Const. 22, *De pactis*, au code, et les Fragm. 54, § 5; 56, § 4, *De furtis*, au Digeste.

— Le Fragm. 5, *De accept.* se concilie avec le Fragm. 13, § 10 du même titre.

Ancien droit français.

— Les ordonnances de 1566 et de 1667 n'eurent pas pour effet de substituer, comme preuve de droit commun, la preuve par écrit à la preuve testimoniale.

— L'origine du notariat, en France, remonte au-delà du XIe siècle.

— La formalité du double original existait à une époque bien antérieure au XVIIIe siècle.

— La puissance maritale, institution d'origine coutumière, réunissait en elle les deux caractères de puissance paternelle et tutélaire.

Le douaire constituait au profit des enfants nés du mariage, une légitime d'un caractère particulier.

Code Napoléon.

La cancellation du titre, son anéantissement même, ne constituent pas des présomptions légales de libération.

— Le magistrat doit choisir entre la présomption de libre restitution, résultant au profit du débiteur de la possession du titre et la présomption contraire, qui résulte d'un fait démontré par le créancier à l'appui de son allégation.

— Une convention formée par correspondance est parfaite, dès que celui qui a reçu une proposition, a déposé à la poste la dépêche dans laquelle il déclare l'accepter.

— L'art. 180 du Code Napoléon ne doit s'entendre que de l'erreur portant sur les qualités *redundantes in personam*, et même une erreur de cette nature n'entraînera pas la nullité du mariage, s'il est démontré par les faits de la cause, qu'elle a été indifférente au conjoint qui a erré.

— La reconnaissance d'un enfant naturel ne cesse pas d'être valable, par cela seul que le testament qui la renferme est révoqué.

— Dans l'hypothèse de l'art. 694, c'est le silence de l'acte de séparation des fonds qui, ajouté à la présomption de l'apparence, concourt à établir la servitude.

— Le tiers détenteur qui notifie son contrat aux créanciers inscrits ne renonce pas, par cela seul, à leur opposer la prescription de 10 à 20 ans, qui a commencé à courir contre leur droit hypothécaire, à partir de la transcription de son contrat.

— Le privilége établi par l'art. 2101-5° ne concerne que les frais faits pendant la maladie dont le débiteur est mort.

— La revendication, organisée par l'art. 2102-4°, dont jouit le vendeur, dans le cas où la vente a été faite sans terme, constitue une action *sui generis*, une *revendication du droit de rétention*.

Procédure civile.

— Le délai rigoureux de huitaine accordé pour former opposition au concordat, court contre les créanciers qui n'ayant pas pris part à la délibération voudraient, sur le fondement qu'ils en avaient ignoré jusque là l'existence, attaquer par voie d'exception un concordat dûment homologué.

— La réintégrande pour être exercée n'exige pas, comme la complainte, la possession d'an et jour.

— Les causes qui intéressent les mineurs émancipés sont toujours dispensées des préliminaires de la conciliation.

— L'étranger défendeur qui n'a pas été admis à la jouissance des droits civils en France, ne peut exiger d'un autre étranger demandeur la caution *judicatum solvi*.

Droit criminel.

— Le complice est passible de l'aggravation de peine encourue par l'auteur principal à raison d'une qualité spéciale à celui-ci, exerçant une influence sur la nature même du crime.

— On ne peut pas dire d'une manière absolue que tous les actes de la vie civile sont défendus à celui qui est en état d'interdiction légale.

Droit commercial.

— On ne peut appliquer en matière commerciale la doctrine que la présomption légale de libération de l'art. 1582 ne peut être combattue par la preuve contraire.

— Dans le cas de concordat, le successible failli ne doit à ses co-héritiers que le rapport des dividendes stipulés dans ce concordat.

— Celui qui a cautionné l'exécution d'un concordat n'est pas tenu d'acquitter les créances non vérifiées, le failli serait-il déclaré tenu de ce paiement.

— En ce qui concerne les intérêts des créanciers postérieurs,

les effets de la faillite cessent par l'exécution intégrale du concordat, sans qu'il soit besoin que le failli ait obtenu sa réhabilitation. Ces créanciers ne peuvent dès-lors, opposer à la femme de l'ex-négociant failli, la disposition de l'art. 563 du Code de Commerce.

— Le billet à domicile, pourvu qu'il ait une cause commerciale, vaut comme lettre de change.

Droit administratif.

— C'est au juge seul des conflits et non aux tribunaux, qu'il appartient de prononcer sur la validité d'un conflit, et par conséquent, l'autorité judiciaire est toujours tenue de surseoir à toutes poursuites et jugements, par le fait seul de la communication qui lui a été faite d'un arrêté de conflit.

— Le lit et cours des rivières non navigables ni flottables, sont des choses communes qui n'appartiennent à personne et dont l'usage est commun à tous, aux termes de l'art. 714 du Code Napoléon.

Cette thèse sera soutenue en séance publique, à la Faculté de Droit de Toulouse, le 9 août 1865.

Vu par le président de la Thèse,

G. HUMBERT.

Vu par le Doyen de la Faculté de Droit,

CHAUVEAU ADOLPHE.

Vu et permis d'imprimer :

Le Recteur ,

ROUSTAN.

Toulouse, Typographie de BONNAL et GIBRAC, rue St-Rome, 44.

www.ingramcontent.com/pod-product-compliance
Lightning Source LLC
Chambersburg PA
CBHW060538210326
41519CB00014B/3265